현대 수필로 읽는 중국어

现代散文朗读

김 현 주

한국외국어대학교 출판부

머리말

한국과 중국과의 교류가 실질적이고 구체화되어 가면서 보다 심도있는 의사소통을 위한 수준 높은 중국어를 필요로 하고 있습니다. 한중수교 후 지난 15년 간이 기초중국어의 보급단계였다고 한다면, 향후 중국어학습은 그들의 문화가 녹아있는 자연스럽고 상황에 합당한 표현을 구사할 수 있는 단계가 되어야 할 것입니다.

최근 중국의 변화는 괄목할 만하며, 특히 문화, 사회, 학술계의 변화는 중국인의 언어생활에 적지 않은 업그레이드를 예고하는 것이기에 형식과 내용 양면으로 실용적이고도 품위있는 중국어를 익혀야 할 것입니다.

중국어의 표준어인 보통화는 발음, 어휘, 어법 세 방면으로 나누어 정의합니다. 즉 **발음은 북경발음**을, **어휘는 북방관화**를, **어법은 모범적인 현대백화문 저작의 문장구조**를 어법규범으로 한다는 것입니다. 이는 현대중국어가 백화문 작품에 나타나는 문장구조를 표준어법, 곧 표준어순으로 삼고 이전의 문언체 어법을 지양한다는 의미입니다.

이 책은 중국 신문화운동시기에 문언문을 타파하고 쉽고 정확하고 명쾌한 문체로써 독자에게 전달하고자 힘썼던 문인들의 대표적인 산문을 텍스트로 하였으며, 현대산문을 분석, 감상함으로써 중국어의 함축적이고 리듬감있는 고급표현을 익히고자 제작되었습니다.

이 책의 문장들을 학습함으로써, **첫째, 고급중국어의 생동적이고 함축적인 표현을 익히고, 둘째, 시대와 작가의 창작배경을 이해하며 작품을 독해하고 감상하는 심화학습을 도모하고, 셋째, 현재 날로 표현이 다양해지고 있는 중국어 문장을 잘 이해하고 쓸 수 있도록 훈련할 수 있을 것**입니다.

이러한 과정을 통해 중국어 속에 나타나는 중국의 문화와 교양 있는 중국인의 언어표현 습관 등을 정확히 파악하고 사용할 수 있도록 해야 합니다.

이 책을 효과적으로 활용할 수 있도록 전체 구성과 활용방법을 소개합니다.

1. 이 책은 모두 7편의 작품성이 뛰어난 대표적 현대산문을 문체별로 선별 하였고, 매 한 편의 작품은 두 과에 걸쳐서 다루었다.
2. 작품이 시작될 때는 **들어가면서**…에서 전체 작품의 개괄과 학습방향을 소개하였고, 매 과마다 과문에 대한 학습포인트를 잡아놓았다.
3. **작가소개**는 작품을 감상하고 주제를 파악하는데 도움이 될 것이다.
4. **본문읽기**는 먼저 원어민의 읽기를 들은 다음 학습자가 구문을 끊어서 소리내어 읽도록 하고, 본문은 **독해연습**에서 한 문장씩 나누어 번역과 해설을 하였다.
5. **연습하기** - 읽기연습, 번역연습, 심화연습 - 를 통해 반드시 복습한다. 특히, 심화연습은 원어민의 읽기와 문제풀이를 듣고 학습자가 중국어로 대답하도록 하였다.
6. **학습마무리**에서는 해당 과의 내용을 정리하고 학습이해도를 체크한다.
7. 부록에는 작품의 원문과 번역문, 각 과의 연습문제 정답과 듣기의 Script를 실었다.

위의 단계대로 차근차근히 학습해 나간다면, 현대산문을 통한 중국문학에 대한 이해와 다양한 중국어문체를 통한 고급 중국어 습득의 양면효과를 기대할 수 있을 것입니다.

이 책을 저술하는 과정에서 자료를 모아 정리하여 준 성혜정 양과, 초고 완성본으로 학생들에게 직접 튜터링하며 정확한 설명을 위한 의견을 준 윤혜지 양에게 감사의 말을 드립니다.

2008. 2.

김현주

목 차

부 록

일러두기

학습의 이해를 돕고자 다음과 같이 약호(略號) 및 약어(略語)를 사용하였다.

1. 품사 名 명사 动 동사 代 대명사 形 형용사 副 부사
   助动 조동사 数 수사 量 양사 接 접속사 介 개사
   助 조사 感 감탄사 成 성어 拟 의성어, 의태어
2. 약호 동 동의어 반 반의어 유 유의어
   <口> 입말 <方> 방언 <文> 글말 <地> 지명
3. 기타 기호 - ~해당단어 생략
   * 잘못된 구 : 단어, 구의 우리말 풀이 구분
4. 단어장에서 '一'와 '不'는 항상 원래의 성조를 표시하였다.

01

差不多先生传(1)

들어가면서…

중국인의 민족성은 다양하다. 임어당(林語堂)은 중국인이 온건성, 순박성, 자연애호, 인내성, 무관심, 교활성, 생식력, 근면, 검약, 가족본위의 전통성, 평화성, 단순성, 유머, 보수성, 호색적 습관 등 복잡한 민족성을 지니고 있다고 하였다. 이러한 성향 외에 소영웅적 심리를 가진 아큐(阿Q)나, 무엇이건 어물어물 넘기면서 정확하지 않은 차부뚜어(差不多) 선생은 중국인의 민족성을 잘 드러낸 문학작품 속의 인물이다.

이 작품은 차부뚜어(差不多)라는 한 인물의 전기를 통해 당시에 대충대충 얼버무리고, 문제를 정확히 인식하여 행동하려는 의식이 결코 없는 중국민족을 풍자한 우언형식의 전기문이다.

우언형식이란 정치·사회의 잘못된 현상을 비판하고 풍자하려는 의도로 쓰여지는 문체이고, 인물 전기의 서술방식은 일반적으로 인물의 출생, 성명, 가정, 성장과정, 학업, 교우관계, 인생관, 사회에 끼친 공헌과 영향, 인물에 대한 평가 등을 서술한다.

학습포인트

1. 우언형식의 전기문에 대한 이해
2. 중국어 '差不多' 어휘의 개념 이해
3. '差不多' 선생의 인물묘사에 대한 독해 연습

胡适 ((1891~1962)

작가소개 …

현대문인이며 학자이다. 본명은 사미(嗣糜), 자는 적지(适之), 필명은 천풍(天风)이다. 안휘성 적계(绩溪) 사람으로 1914년에 미국 코넬 대학교에서 문학을, 콜롬비아 대학교에서 철학을 공부하였고, 이후 북경대학 총장과 주미대사를 역임하였다.

그는 봉건문학을 맹렬히 비판하면서 문언문을 반대하고 백화문을 사용할 것을 정식으로 선언하여 백화체로 쓰여진 문학을 "중국문학의 정통"의 자리까지 끌어올렸는데, 이는 중국문학관념상 큰 변혁이었다. 1920년에 중국문학사상 최초의 백화체 시집인 ≪상시집(嘗試集)≫을 창작하였고, 학술적으로는 ≪백화문학사(白話文學史)≫의 연구와 장회 소설을 고증하는 작업에 몰두하였는데, ≪홍루몽고증(紅樓夢考證)≫을 써서 홍학파를 구성하였다.

호적은 학문을 연구하는 방법으로 "가설은 대담하게, 증명은 조심스럽게 (大胆的假设, 小心的求证)"라고 주장하였고, 五·四 문학혁명과 초기 신문화운동의 주요 대표 인물이 되었으며, 또한 그는 학술연구에 실험주의와 개량주의를 주장하였다. ≪호적문존(胡適文存)≫ ≪사십자술(四十自述)≫ 외 많은 저작을 남겼다.

본문 읽기 (1)

원어민의 음성을 듣고 문장의 억양을 살려서 소리내어 읽어 봅시다.

你知道中国最有名的人是谁？提起此人，人人皆晓，处处闻名；他姓差，名不多，是各省各县各村人氏。你一定见过他，一定听过别人谈起他。差不多先生的名字，天天挂在大家的口头，因为他是中国全国人的代表。差不多先生的相貌和你我都差不多。他有一双眼睛，但看得不很清楚；有两只耳朵，但听得不很分明；有鼻子和嘴，但他对于气味和口味都不很讲究；他的脑子也不小，但他的记性却不很精明，他的思想也不很细密。他常常说："凡事只要差不多就好了，何必太精明呢？"

단어장

人人	rénrén	名	매사람, 누구나.	동 每人
处处	chùchù	名	도처에, 어디든지.	동 到处, 四处
氏	shì	名	씨, 성.	
一定	yīdìng	副	반드시, 필히.	동 肯定
差不多	chàbuduō	形	큰 차이가 없다, 거의 비슷하다.	
天天	tiāntiān	名	매일, 날마다.	동 每天
口头	kǒutóu	名	구두, 입에 발린 말.	반 书面
相貌	xiàngmào	名	용모.	동 像貌, 容貌
讲究	jiǎngjiu	动	따지다, 신경쓰다.	동 仔细
何必	hébì	副	구태여 ~할 필요가 없다.	

독해 연습 (1)

1

你知道中国最有名的人是谁？提起此人，人人皆晓，处处闻名；他姓差，名不多，是各省各县各村人氏。

당신은 중국의 가장 유명한 사람이 누구인지 아나요? 이사람으로 말하자면, 모두가 알고 있으며 어디에서든지 그 이름을 들을 수 있으니; 그의 성은 差이고, 이름은 不多로, 각 성 각 현 각 마을마다 이런 이름을 가진사람이 있습니다.

A: 중국어 중첩어의 표현

- 양사를 중첩하여 주어, 관형어, 부사어로 사용할 수 있다.
  1. 中国男人，人人都会做饭。(주어)
  2. 个个同学都带着辞典。(관형어)
  3. 我天天上网。(부사어)

2

你一定见过他，一定听过别人谈起他。差不多先生的名字，天天挂在大家的口头，因为他是中国全国人的代表。

당신은 분명 그를 만난 적이 있고, 분명 다른 사람이 그에 대하여 이야기 하는 것을 들은 적이 있을 겁니다. 차부뚜어 선생의 이름은 매일 모두의 입에 오르내리는데 그는 중국 전 국민의 대표이기 때문입니다.

A: 1. 동작의 경험을 나타내는 过

例 我从来没听过那么好听的声音。

2. 과거 불확실한 시점에 일어났던 동작을 나타낼 때

例 他以前去北京旅行的时候，住过北京饭店。

B: 差不多

거론되는 한 대상 또는 비교되는 두 대상의 차이가 별로 없다는 의미인데, 다양한 상황에서 다양한 의미로 확장되어 사용한다.

例
1. '她的汉语怎么样?'→'差不多.': (중국어 실력이)그저 괜찮은 정도다.
2. '去中国旅行, 准备得怎么样?'→'差不多.' : (여행준비가)대충 된 셈이다.
3. '目的地到了没有?'→'差不多.' : (목적지에)거의 다 왔다.
4. '作业做好了吗?'→'差不多.' : (숙제는)거의 다 해간다.
5. '这个颜色好还是那个颜色好?'→'差不多.' : (두 가지 색)둘 다 거의 비슷하다.

위 예문의 '差不多'라는 대답의 의미는 다소 긍정의 어감을 갖기는 하지만, 어떤 경우는 썩 좋거나 혹은 좋지 않다는 표현을 직설적으로 말하기 꺼려하는 중국인의 심리가 잘 나타나는 표현이다.

이와 상반되는 말로 '差得很远'은 정도나 실력이 일정수준에 많이 미치지 못하다는 뜻으로 쓴다.

例 差不多先生差不多要死的时候

3

差不多先生的相貌和你我都差不多。他有一双眼睛，但看得不很清楚；有两只耳朵，但听得不很分明；有鼻子和嘴，但他对于气味和口味都不很讲究；他的脑子也不小，但他的记性却不很精明，他的思想也不很细密。

차부뚜어 선생의 생김새는 우리와 비슷합니다. 그는 두 눈이 있지만, 그리 똑똑히 보지는 않고; 두 귀가 있지만, 그다지 분명하게 듣지 않으며; 코와 입이 있지만 그는 냄새와 맛에 그다지 신경쓰지 않습니다. 그는 머리가 작지도 않은데, 그의 기억력은 그다지 좋지 못하고 그의 생각 역시 세밀하지 못합니다.

A: 看得不很清楚, 听得不很分明

정도보어를 사용한 문장의 부정은 정도보어의 술어 앞에 온다.

* 不看得很清楚(x)

B: 对于와 关于의 구별

对于: ~에 대하여 (대상을 서술하고자 할 때)

例 对于这两种语言的区别，他们做了一些研究。

关于: ~에 관하여 (범위를 서술하고자 할 때)

例 中国有很多关于月亮的传说。

4

他常常说："凡事只要差不多就好了，何必太精明呢？"

그는 언제나 "모든 일은 비슷하기만 하면 되는데, 구태여 너무 꼼꼼할 필요가 있을까?" 라고 말합니다.

A: 只要~ 就~ 적극적 조건의 복문

例 1. 只要你肯点头，我们就有办法。(적극적 조건)

2. 只有你去，这事才能办成。(적극적 조건)

3. 除非病倒起不来，我总是要练习体操的。(소극적 조건)

4. 无论你愿意不愿意，你得离开这儿。(무조건)

B: 何必 ~ 呢？

- 어기조사 '呢'의 용법

  何必, 哪里, 怎么 등과 결합하여 반문을 나타내는 문장의 끝에 쓰여서 반문의 어감을 강조한다.

例 我们怎么会忘记那段美好的日子呢？

본문 읽기 (2)

원어민의 음성을 듣고 문장의 억양을 살려서 소리내어 읽어 봅시다.

他小的时候, 他妈妈叫他去买红糖, 他买了白糖回来。他妈骂他, 他摇摇头说道："红糖白糖不是差不多吗？" 他在学堂的时候, 先生问他："直隶省的西边是哪一省？" 他说是陕西。先生说："错了。是山西, 不是陕西。" 他说："陕西同山西不是差不多吗？" 后来他在一个钱铺里做伙计, 他也会写, 也会算, 只是总不会精细。"十"字常常写成 "千"字, "千"字常常写成 "十" 字。掌柜的生气了, 常常骂他。他只笑嘻嘻地赔小心道："'千'字比 '十' 字只多一小撇, 不是差不多吗？"

단어장

学堂	xuétáng	名	학교의 이전 명칭	유	学校
直隶省	Zhílì shěng	名	河北省의 이전 명칭		
陕西省	Shǎnxī shěng	名	섬서성		
同	tóng	介	~와	동	和, 跟
山西省	Shānxī shěng	名	산서성		
钱铺	qiánpū	名	예전의 금융기관	유	银行
伙计	huǒjì	名	(옛날의) 점원		
精细	jīngxì	形	세심하다, 주의 깊다.		
掌柜的	zhǎngguìde	名	상점의 주인	유	老板
笑嘻嘻	xiàoxīxī	形	미소 짓는 모양	유	笑眯眯
撇	piě	名	한자의 획을 삐침, 한획		
赔小心	péixiǎoxīn	动	겸손히 사죄하다	동	陪小心

독해 연습 (2)

1

他小的时候，他妈妈叫他去买红糖，他买了白糖回来。他妈骂他，他摇摇头说道："红糖白糖不是差不多吗？"

그가 어렸을 때, 어머니가 그에게 흑설탕을 사오라고 하였는데 그는 백설탕을 사서 돌아왔습니다. 그의 어머니가 그를 나무라자 그는 고개를 저으며 말하였습니다. "흑설탕과 백설탕은 별 차이가 없는 거 아닌가요?"

A: 摇摇头

- 동사의 중첩사용시 그 의미를 몇 가지로 나눌 수 있다.

1. 동작이 지속되는 상태를 나타낸다.

例 1. 您等等，我给您叫车去！
(동작의 지속시간이 비교적 짧다.)
2. 有时候老金不在，我便到黄博士家里坐坐。
(동작 지속시간이 비교적 길다.)

2. 동작이 반복되는 경우를 나타낸다.

例 辞职以后，他便在中国学校里教教书，或在外国商店里临时帮帮忙。
(여러 차례동작을 반복한 경우)

3. 어기가 완화되거나 가벼운 느낌을 준다.

例 1. 别忙！咱们再等等看吧。
2. 新年大月，找大家来谈谈，彼此见见面，认识认识。

2

他在学堂的时候，先生问他："直隶省的西边是哪一省？"他说是陕西。先生说："错了。是山西，不是陕西。"他说："陕西同山西不是差不多吗？"

2

그가 학교에 다닐 때 선생님이 그에게 물었습니다. "직예성(直隶省)의 서쪽은 어느 성이니?" 그는 섬서성(陕西省)이라고 말하였습니다. 선생님께서 말씀하셨습니다. "틀렸어. 산서성(山西省)이지, 섬서성(陕西省)이 아니야." 그가 말하였습니다. "섬서와 산서는 큰 차이가 없지 않나요?"

A: 先生

- 先生은 원래 학문이 깊고 인품이 뛰어나 존경 받는 인물을 가리키는 외에, 여기서는 현대중국어의 '老师'와 같은 뜻이다.

B: 陕西 shǎnxī 와 山西 shānxī

- 두 省은 발음이 서로 같지만, 성조가 다르고 가리키는 지역도 다르다. 차부뚜어 선생은 다만 발음이 같으므로 대충 비슷한 답이 될 수 있다고 생각하였다.

例

1. 睡觉 shuìjiào ---------- 水饺 shuǐjiǎo
2. 努力 nǔ lì ---------- 奴隶 nú lì
3. 政治 zhèng zhì ---------- 正直 zhèng zhí

3

后来他在一个钱铺里做伙计，他也会写，也会算，只是总不会精细。'十'字常常写成 '千'字，'千'字常常写成 '十'字。

후에 그는 은행에서 직원으로 일하였는데 글도 쓸 줄 알고 계산도 할 줄 알았지만 단지 언제나 세심하지를 않았습니다. '十'을 항상 '千'으로 쓰고, '千'을 항상 '十'으로 썼습니다.

A: 결과보어 '成'

- A 写成 B~ "A가 B로 쓰이다. A를 B로 쓰다"

  두 개의 대상에 한 동사가 적용되는 경우, 어느 한 대상에 동작이 가해져서 다른 한 대상으로 변화함을 나타낼 때 결과보어 '成'을 쓴다.

例

1. 一块美金换成九块人民币。
2. 水变成冰块。

4

掌柜的生气了，常常骂他。 他只笑嘻嘻地赔小心道："'千'字比'十'字只多一小撇，不是差不多吗？"

주인은 화가 나서 늘 그를 꾸짖었습니다. 그는 히죽거리며 조용히 사죄하며 말하였습니다. "'千' 자는 '十'자 보다 작은 삐침 하나가 많은 것 뿐인데, 큰 차이가 없지 않나요?"

A: 掌柜的

- 이전에는 상점의 주인을 가리켰으며, 지금의 '老板'에 해당한다.

B: '笑 + BB'형식의 형용사 중첩

- 笑眯眯 빙그레 웃는 모양
- 笑哈哈 하하 웃는 모양
- 笑呵呵 허허 웃는 모양

이러한 중첩형태를 부사어로 쓸 때는 뒤에 '地'를, 술어로 쓸 때는 뒤에 '的'를 붙여 사용한다.

연습하기

읽기연습

녹음을 들으며 다음의 문장을 유창하게 읽을 수 있도록 반복 연습해 봅시다.

1. 提起此人, 人人皆晓, 处处闻名；他姓差, 名不多, 是各省各县各村人氏。

2. 他的脑子也不小, 但他的记性却不很精明, 他的思想也不很细密。

3. “是山西, 不是陕西。” 他说：“陕西同山西不是差不多吗？

4. “十” 字常常写成 “千”字, “千” 字常常写成 “十”字。

번역연습

다음 문장을 한국어로 번역해 봅시다.

1. 差不多先生的名字, 天天挂在大家的口头, 因为他是中国全国人的代表。
   번역 : (   )

2. 有鼻子和嘴, 但他对于气味和口味都不很讲究；他的脑子也不小, 但他的记性却不很精明, 他的思想也不很细密。
   번역 : (   )

3. 凡事只要差不多就好了, 何必太精明呢？

번역 : (　　　　　　　　　　　　　　　　　　　　　　　　)

4. 他只笑嘻嘻地赔小心道："'千' 字比 '十' 字只多一小撇, 不是差不多吗？"

번역 : (　　　　　　　　　　　　　　　　　　　　　　　　)

심화연습

본문을 듣고 내용에 근거해서 원어민의 질문에 중국어로 답해봅시다.

녹음을 잘 들어 보세요

문제 1.

정답 : (　　　　　　　　　　　　　　　　　　　　　　)

문제 2.

정답 : (　　　　　　　　　　　　　　　　　　　　　　)

문제 3.

정답 : (　　　　　　　　　　　　　　　　　　　　　　)

아래 밑줄 친 어휘와 의미가 같은 것을 고르세요.

문제 4. 有鼻子和嘴, 但他对于气味和口味都不很讲究.

① 研究　② 仔细　③ 讲价　④ 端正

문제 5. 他只笑嘻嘻地赔小心道："'千' 字比 '十' 字只多一小撇, 不是差不多吗？"

① 得意洋洋　② 高兴　③ 奇怪　④ 道歉

학습 마무리

본 과에서 학습한 내용을 정리해 봅시다.

첫째, 중국어 '差不多'어휘에 대한 개념— 대충대충 얼버무리거나 정확한 표현을 하지 않는 것

둘째, 差不多先生의 인물묘사— 생김새, 그의 성격을 반영한 사건 3가지

셋째, 이 작품은 1919년 《新生活》잡지에 실린글입니다. 당시는 백화문학운동이 막 전개되는 시기로 문장이 쉬운 백화체로 쓰여졌지만, 아직은 "提起此人, 人人皆晓, 处处闻名" 등 문언투의 표현이 곳곳에 있고, 어휘 또한 直隶省, 掌柜的와 같이 현대 중국어에서 쓰이지 않는 낱말이 있습니다.

그러나 문언투의 표현은 오히려 함축적이고 음악적인 요소를 중시하는 중국어의 특징을 더 잘 살린 것이며, 고급중국어에서 흔히 볼 수 있는 표현이므로 잘 익혀 놓을 필요가 있습니다. 또한 이전에 쓰이던 어휘는 당시의 문헌을 읽을 때 참고가 될 수 있음을 기억합시다.

02

差不多先生传(2)

학습포인트

1. '差不多'선생의 인물묘사
2. 작품의 대강과 주제 설정
3. 중국인의 민족성 이해

본문 읽기 (1)

원어민의 음성을 듣고 문장의 억양을 살려서 소리내어 읽어 봅시다.

有一天，他为了一件要紧的事，要搭火车到上海去。他从从容容地走到火车站，迟了两分钟，火车已开走了。他白瞪着眼，望着远远的火车上的煤烟，摇摇头道：“只好明天再走了，今天走同明天走，也差不多。可是火车公司未免太认真了。八点三十分开，同八点三十二分开，不是差不多吗？”他一面说，一面慢慢地走回家。心里总不明白，为什么火车不肯等他两分钟。

有一天，他忽然得了急病，赶快叫家人去请东街的汪大夫。那家人急急忙忙地跑去，一时寻不着东街的汪大夫，却把西街的牛医王大夫请来了。差不多先生病在床上，知道寻错了人，但病急了，身上痛苦，心里焦急，等不得了，心里想道：“好在王大夫同汪大夫也差不多，让他试试看吧。”于是这位牛医王大夫走近床前，用医牛的法子给差不多先生治病。不上一点钟，差不多先生就一命呜呼了。

단어장

搭	dā	动	(차, 배, 비행기 따위를) 타다	유 上
从从容容	cóngcóng-róngróng	形	(태도가) 침착한, (시간이)넉넉한	유 沉着
瞪	dèng	动	똑바로 쳐다보다	
未免	wèimiǎn	副	아무래도…이다	동 不以为然
总	zǒng	副	아무래도	유 毕竟，总归
急急忙忙	jíjí-mángmáng	形	황급한	유 匆忙
身上	shēn shang	名	몸	동 身边
心里	xīn li	名	심중, 가슴속	동 心内，心头

焦急	jiāojí	形 초조하다, 애타다	유 焦虑
好在	hǎozài	副 다행히, 운 좋게	동 幸亏
上	shàng	动 (일정한 정도, 수량)에 달하다	동 到
一命呜呼	yīmìng wūhū	成 목숨이 끝나게 되다.	

독해 연습 (1)

1

有一天，他为了一件要紧的事，要搭火车到上海去。他从从容容地走到火车站，迟了两分钟，火车已开走了。

어느날, 그는 중요한 일로 기차를 타고 상해에 가려고 했습니다. 그는 여유롭게 기차역에 가다보니 2분이 늦었고, 기차는 이미 떠나버렸습니다.

A: 从从容容

- 형용사 중첩의 표현
  1. 정도가 더욱 심하거나 묘사를 강화하는 작용을 한다. 이음절 형용사의 중첩방식
     1) AABB式 – 老老实实, 整整齐齐
     2) ABAB式 – 雪白雪白, 通红通红
     3) A里AB式 – 糊里糊涂, 土里土气
  2. A里AB식의 중첩방식은 혐오와 경멸의 의미, 부정적 의미의 형용사에만 쓰인다.

例 肮脏 → 肮里肮脏,
漂亮 → * 漂里漂亮(x)

2

他白瞪着眼，望着远远的火车上的煤烟，摇摇头道："只好明天再走了，今天走同明天走，也差不多。可是火车公司未免太认真了。八点三十分开，同八点三十二分开，不是差不多吗？"

그는 공연히 눈을 부릅뜨고는 멀리 기차의 연기를 바라보며 고개를 저으며 말하였습니다. "내일가는 수밖에 없겠군. 오늘 가는 것과 내일 가는 것은 큰 차이가 없지 않은가? 하지만 기차 회사는 너무 성실했어. 8시 30분에 출발하는 것과 8시 32분에 출발하는 것은 그게 그거 아닌가?"

A: 白

1. 헛되이, 공연히 동 徒然

例 白跑了一趟，一天的工夫白白过去了。

2. 희다

例 蓝天白云

3. 명백하다

例 真相终于大白

4. 거저, 공짜로

例 白吃白住

B: 未免

- 완곡한 부정을 나타내는 부사, 정도부사 太, 过, 过分 등과 수량사 一点, 一些와 함께 자주 쓰인다.

例 1. 后天才举行这个会，未免感到晚一些。
2. 这样说未免太夸张了吧。

3

他一面说，一面慢慢地走回家。心里总不明白，为什么火车不肯等他两分钟。

3

그는 말하면서 천천히 집으로 돌아갔습니다. 마음 속으로 왜 기차가 그를 2분 동안 기다려주지 않았는지 아무래도 알 수가 없었습니다.

A: "一面……, 一面……"은 "……하면서, ……하다"라는 의미로 보통 두 가지 동작이 함께 진행됨을 나타낸다.

例 1. 他一面(一边)说着话，一面(一边)收拾工具。

2. 他一面(一边)听电话，一面(一边)记，一面(一边)招呼客人坐下。

4

有一天，他忽然得了急病，赶快叫家人去请东街的汪大夫。那家人急急忙忙地跑去，一时寻不着东街的汪大夫，却把西街的牛医王大夫请来了。

그는 어느날 갑자기 급성병에 걸리고 말았는데 재빨리 사람을 시켜 동쪽길에 있는 汪선생을 불러오라고 하였습니다. 그 사람은 급히 달려 갔지만 단시간에 동쪽길의 汪선생을 찾을 수 없자 서쪽길의 수의사 王선생을 모셔왔습니다.

A: 忽然과 突然

- 忽然과 突然은 갑작스러운 상황을 표현하는 부사이다. 忽然은 부사로만 쓰이지만, 突然은 부사 외에도 형용사와 목적어로 쓰인다.

1. 형용사로서 사건이나 상황이 의외이거나 돌발적인 의미.

例 突然灾祸　　　突然的情况

2. 목적어로 사용

例 感到突然，　　　他以为突然

B: 赶快와 赶忙

- 모두 "재빨리, 어서"의 의미를 나타내는 부사인데, 赶快는 시기를 놓치지 않기 위하여 행동을 빨리 한다는 의미가 강하고, 赶忙은 매우 급한 상황을 강조한다.

例 1. 这条道走不通. 要赶快转向。

2. 一辆汽车经过, 鸟儿赶忙飞起。

5

差不多先生病在床上, 知道寻错了人, 但病急了, 身上痛苦, 心里焦急, 等不得了, 心里想道："好在王大夫同汪大夫也差不多, 让他试试看吧。"

차부뚜어 선생은 병상에 누워 의사를 잘못 찾아왔다는 것을 알았지만, 병이 위급하고 고통스러워서 마음이 조급하였기 때문에 기다릴 수가 없어 마음 속으로 생각하였습니다. "다행히도 王선생과 汪선생은 별 차이가 없으니 그에게 진찰을 받도록 하자."

A: 等不得 기다릴 수 없다.

- ~不得형식의 가능보어는 "~하면 안된다. ~할수 없다(不可以)"의 의미로 사용.

例 这个面包发霉了, 吃不得了。

6

于是这位牛医王大夫走近床前, 用医牛的法子给差不多先生治病。不上一点钟, 差不多先生就一命呜呼了。

그래서 수의사 王선생은 침대 앞으로 다가와 동물을 치료하는 방법으로 차부뚜어 선생을 치료하였습니다. 한 시간도 되지 않아 차부뚜어 선생은 그만 황천길로 가게 되었습니다.

A: 不上一点钟

- 上은 到로 바꿀 수 있고 "일정한 정도나 수량에 달하다"의 의미임. 一点钟은 一个小时의 의미.

B: 一命呜呼

- 숨이 끊어지다.

  '呜呼'는 비탄적인 감탄사이며 "完了"로 바꿀 수 있다. 부고(讣告), 제문(祭文)의 맨 끝에 “呜呼哀哉”라는 애도의 의미로 쓴다.

반대의 뜻을 가진 고사성어로 ‘长命百岁’가 있다.

본문 읽기 (2)

원어민의 음성을 듣고 문장의 억양을 살려서 소리내어 읽어 봅시다.

差不多先生差不多要死的时候，一口气断断续续地说道：“活人同死人也差……差……差……不多，凡事只要……差……差……不多……就……好了，何……何……必……太……太认真呢？”他说完了这句格言，方才断气了。他死后，大家都称赞差不多先生样样事情看得破，想得通；大家都说他一生不肯认真、不肯算账，不肯计较，真是一位有德行的人。于是大家给他取个死后的法号，叫他圆通大师。

他的名誉越传越远，越传越大。无数的人都学他的榜样。于是人人都成了一个差不多先生。——然而中国从此就成了一个懒人国了。

단어장

一口气	yīkǒuqì	名	한 숨, 한 호흡		
断断续续地	duànduàn-xùxùde		끊어졌다 이어졌다 하며		
方才	fāngcái	副	비로소	동	才
断气	duànqì	动	숨이 끊어지다	반	串气儿
算账	suànzhàng	动	끝장을 보다, 청산하다	동	争执较量
计较	jìjiào	动	따지다, 논쟁하다	成	斤斤计较
圆通大师	yuántōng dàshī	名	원통대사		

名誉	míngyù	名 명성, 명예	유 名声
榜样	bǎngyàng	名 본보기, 모범	동 模范
然而	rán'ér	连 그러나	동 但是, 可是
懒人	lǎnrén	名 게으름뱅이	동 懒夫

독해 연습 (2)

1

差不多先生差不多要死的时候，一口气断断续续地说道："活人同死人也差……差……差……不多，凡事只要……差……差……不多……就……好了，何……何……必……太……太认真呢？" 他说完了这句格言，方才断气了。

차부뚜어 선생은 거의 죽으려고 할 때 호흡이 끊어졌다 이어졌다 하면서 말하였습니다. "산 사람이나 죽은 사람이나 차…… 차……차이가 없고, 모든 일도……비……비……비슷……하기만……하면 되니, 구……구……구태여……진……진지할 필요가 있나?" 그는 이러한 격언을 남기고 비로소 숨이 끊어졌습니다.

A: 断断续续地

- 동사 断续가 중첩되어 부사어로 쓰였다. 시간의 간격을 두고 '끊겼다 이어졌다'라는 뜻이고, 반면 陆续는 앞뒤 간격을 두고 차례로 '잇달아' '계속하여'의 뜻이다.

例 1. 远处的歌声断断续续地可闻。

2. 这部电视剧有二十集，电视台准备陆陆续续播放。

B: 方才

- 명사와 부사로 쓰이며 "이제 막", "방금"의 의미.

1. 명사로 쓰일 때

例 方才的情况，我们都知道了。

2. 부사로 쓰일 때는 刚才와 같은 의미

例 他方才还在这儿，现在不知道到哪儿去了。

2

他死后，大家都称赞差不多先生样样事情看得破，想得通；大家都说他一生不肯认真、不肯算账，不肯计较，真是一位有德行的人。于是大家给他取个死后的法号，叫他圆通大师。

그가 죽은 후 사람들은 차부뚜어 선생이 모든 일을 대수롭지 않게 여기는 것을 칭찬하였습니다. 사람들은 그가 일생 동안 진지하려고 하거나 끝장을 내려 하지 않았고 세세하게 따지지 않았던, 진실로 덕망이 높은 사람이라고 말하였습니다. 그래서 사람들은 그가 죽은 후 법명을 지어주었는데, 원통대사(圆通大师)라 불렀습니다.

A: 样样(儿)

- 원래 여러 가지를 뜻하지만, 여기서는 자질구레하고 하찮다는 의미이다.

B: 看得破，想得通

- 이치를 깨닫는 데 철저하고, 사고하고 생각하는데 정통하다. 즉 인생을 달관하였다는 의미.

C: 给 A 取个名字

- A에게 이름을 지어주다.

3

他的名誉越传越远，越传越大。无数的人都学他的榜样。于是人人都成了一个差不多先生。——然而中国从此就成了一个懒人国了。

그의 명성은 전해질수록 오래 되고 높아져서 많은 사람들이 그를 본보기로 삼았습니다. 그래서 사람들마다 다 하나의 차부뚜어 선생이 되었습니다. 그렇지만, 중국은 이때부터 게으름뱅이 나라가 되어버린 거지요.

A: 越 A 越 B – A하면 할수록 B하다 (愈(yù) A 愈(yù) B)

- "越 A 越 B"는 조건에 따라 정도가 더욱 심해짐을 나타내고, "越来越 A"는 시간이 지남에 따라 정도가 심해짐을 나타낸다.

例 1. 文章越罗索越不能说明问题。

2. 我这个病越来越严重。

B: 然而

- 보통 복문에서 뒷 문장 앞에 위치하며, 尽管, 虽然과 호응하여 쓴다. 可是 보다는 역접의 어기가 약하다.

例 1. 在试验中虽然多次失败，然而他们并不灰心。

2. 他是一个性格古怪然而十分正直的人。

연습하기

읽기연습

녹음을 들으며 다음의 문장을 유창하게 읽을 수 있도록 반복 연습해 봅시다.

1. 他白瞪着眼, 望着远远的火车上的煤烟, 摇摇头道:“只好明天再走了, 今天走同明天走, 也差不多。可是火车公司未免太认真了。”

2. 那家人急急忙忙地跑去, 一时寻不着东街的汪大夫, 却把西街的牛医王大夫请来了。

3. 活人同死人也差……差……差……不多, 凡事只要……差……差……不多……就……好了, 何……何……必……太……太认真呢?

4. 他死后, 大家都称赞差不多先生样样事情看得破, 想得通;大家都说他一生不肯认真、不肯算账, 不肯计较, 真是一位有德行的人。

번역연습

다음 문장을 한국어로 번역해 봅시다.

1. 他白瞪着眼, 望着远远的火车上的煤烟, 摇摇头道。
   번역 :( )

2. 那家人急急忙忙地跑去, 一时寻不着东街的汪大夫, 却把西街的牛医王大夫请来了。

번역 : (   )

3. 不上一点钟, 差不多先生就一命呜呼了。

번역 : (   )

4. 大家都称赞差不多先生样样事情看得破, 想得通; 大家都说他一生不肯认真、不肯算账, 不肯计较, 真是一位有德行的人。

번역 : (   )

심화연습

본문을 듣고 내용에 근거해서 원어민의 질문에 중국어로 답해봅시다.

녹음을 잘 들어 보세요

문제 1.

정답 : (   )

문제 2.

정답 : (   )

문제 3.

정답 : (   )

아래 밑줄 친 어휘와 의미가 같은 것을 고르시오.

문제 5. 他白瞪着眼，望着远远的火车上的煤烟，摇摇头道："只好明天再走了，今天走同明天走，也差不多。可是火车公司未免太认真了。

① 空白-难免　② 免费-未必　③ 明白-未然　④ 徒然-不以为然

문제 6. 大家都说他一生不肯认真、不肯算账，不肯计较，真是一位有德行的人。

① 结账　② 争执较量　③ 计算　④ 打算

학습 마무리

1. 본 과에서 학습한 내용 정리

<差不多先生传>은 중국인의 민족성의 한 면을 잘 반영한 작품입니다. 지난 과에 이어 작품의 후반부를 보면서, 본문에서는 죽음이라는 극도의 상황에 대한 주인공의 처세를 통해 차부뚜어 선생의 성격을 정확히 파악할 수 있었고, 이에 따라 내용과 시대의 배경을 연결시켜 이해할 수 있습니다. 즉 위기의식이 없이 주관적 합리화로써 국가위기를 수수방관하는 자신의 민족들에 대한 풍자요 계몽의 의미를 지닌 작품이라 할 수 있습니다.

요점을 정리하면

첫째, 차부뚜어선생의 인물묘사 ; 언어, 시간, 경제, 사물, 심지어 죽음에 대해서조차 정확한 판단보다는 대충 얼버무리는 식의 주인공의 성격을 여러 사건을 통하여 사실적으로 표현하고 있습니다.

둘째, 중국어의 발음과 문언적 표현 ; 중국어의 정확한 발음은 정확한 의사전달의 주요 요소이며, 문언적 표현은 상황에 따라 그 사실성과 긴밀성을 증가시켜 소리내어 말할 때의 음악적 느낌과 함축적인 의사전달을 더욱 향상시키는 작용을 합니다.

학습 마무리

2. 작품의 대강

<差不多先生传>의 작품 전체에 대한 대강을 만들어 봅시다.
먼저 서문에서는 주인공의 출생, 성명과 생김새, 성품을 이야기 하고 있고 다음으로 본문부분에서는 주인공의 일생의 몇가지 사건을 실례로 들어 그의 성격과 인생관을 부각하여 묘사하고 있습니다.
마지막으로 차부뚜어 선생에 대한 만인의 평가를 서술하였는데, 평가 동기와 결과에 대해 강한 풍자성을 내포하고 있습니다.

3. 작품의 주제

讽刺把圆满和草率处世当美德的中国人之民族性

03

春 (1)

들어가면서…

이번 과에서는 〈春〉이라는 아름다운 서정산문을 학습하기로 한다.

이 작품은 평범하고 맑은 언어를 잘 구사했던 주자청(朱自清)이 1937년에 발표한 문장이다. 전체 문장이 서정적인 묘사를 위주로 하고 있는데, 봄의 다양한 현상과 변화하는 모습들을 한 구절 한 구절 함축적으로 표현하고 있기 때문에 마치 서정 산문시를 읽는 느낌을 갖게 한다.

이 작품을 학습할 때, 첫째 끊어읽기에 유의해야 하며, 둘째 파음자(破音字)의 단어에 있어서는 발음에 주의하고, 문장 중에 나타나는 여러가지 중첩어와 의태어는 그 뜻과 발음에 유의해서 반드시 소리내어 낭독함으로써 중국어가 가지고 있는 음악적인 리듬감을 잘 이해하고 그 표현법을 익힐 수 있을 것이다.

학습포인트

1. 정확한 발음과 끊어읽기
2. 동태조사 '着'의 활용
3. 비유, 중첩의 표현형태
4. 사물을 관찰하여 모사하는 표현방법

朱自清 (1898~1948)

작가소개 …

본명은 자화(自華), 字는 패현(佩弦), 호는 추실(秋實), 강소성 동해(東海)인으로, 중국의 현대 산문작가이자 시인이며, 고전문학 연구자이다.

1920년 북경대 철학과를 졸업한 후 백화시를 창작하며 문학 활동을 시작하였고, 5·4운동 이래 가장 뛰어난 산문작가이자 시인이며 학자로 꼽힌다.

그의 문학활동을 세 시기로 나눈다면, 1925년 이전에는 시를, 그 이후에는 산문을, 항일전쟁 이후에는 잡문을 주로 썼다. 주자청(朱自清)의 시는 다소 의기소침하고 슬픈 정서를 띠며 5·4운동 당시의 방황과 절망의 감정을 잘 드러내고 있다.

주요 작품집으로는 시가산문집 ≪종적(踪迹)≫, 산문집 ≪배영(背影)≫, ≪구유잡기(歐游雜記)≫ 등이 있고, 고전문학 연구저서로는 ≪시언지변(詩言志辨)≫, ≪경전상담(經典常談)≫, ≪고시십구수석(古詩十九首釋)≫ 등이 있다. 대표적 산문으로 〈배영(背影)〉, 〈하당월색(荷塘月色)〉, 〈춘(春)〉을 들 수 있다.

본문 읽기 (1)

원어민의 음성을 듣고 문장의 억양을 살려서 소리내어 읽어 봅시다.

盼望着，盼望着，东风来了，春天的脚步近了。

一切都像刚睡醒的样子，欣欣然张开了眼。山朗润起来了，水涨起来了，太阳的脸红起来了。

小草偷偷地从土里钻出来，嫩嫩的，绿绿的。园子里，田野里，瞧去一大片一大片满是的。坐着，躺着，打两个滚，踢几脚球，赛几趟跑，捉几回迷藏。

风轻悄悄的，草软绵绵的。

단어장

盼望	pànwàng	动 바라다, 희망하다	유 希望 반 遗忘
欣欣然	xīnxīnrán	形 기쁨을 형용함	유 欣喜、欢欣 반 忧烦
朗润	lǎngrùn	形 맑고 빛나다	동 明朗
涨	zhǎng	动 물이 붇다.	
钻	zuān	动 뚫다, (뚫고)들어가다.	
嫩嫩	nènnèn	形 아주 부드럽다	
轻悄悄	qīngqiāoqiāo	形 가볍다, (바람이)산들거리는 모양	
软绵绵	ruǎnmiánmián	形 부드럽다, 솜처럼 푹신푹신한 모양	

독해 연습 (1)

1

盼望着，盼望着，东风来了，春天的脚步近了。

기다리고 기다리던 봄바람이 불어왔습니다. 봄의 발걸음이 가까워졌습니다.

A: 盼望着

- 着(zhe) : 동작의 상태를 나타내는 조사이고, 동사와 형용사 뒤에 쓰인다.

  1. 동작의 진행

     동사 앞에 부사 '正, 在, 正在' 등과 함께 쓰이며, 문장 끝에는 '呢'가 올 수 있다.

例 1. 人们跳着，唱着。

2. 她正在沙发上看着杂志呢！

  2. 상태의 지속

     부사 '正, 在, 正在'가 올 수 없고, 이 경우에 활용되는 동사는 지속성동사임.

例 1. 他穿着一身新衣服。

2. 他们十二个人中，有的还活着，有的已经死了。

  3. 존현문에 쓰여 동작이 발생하여 존재함을 나타냄.

     1) 장소 명사 + 동사 + 着 + 명사

        门口围着一群人。

     2) 동사+着의 부정형은 没有 + 동사 + 着

        我现在没带着钱，没办法跟他们一起去看京剧。

B: 春天的脚步近了

- 어기조사 '了'의 활용;

  1. 어떤 상태나 상황에서 새로운 상태로 변화되었음을 나타낼 때

     春天来了。 我会汉语了。 -히게 되었다.

  2. 화자의 의지를 강하게 나타내고자 할 때

     我要走了！ 나 갈래요!

2

一切都像刚睡醒的样子，欣欣然张开了眼。山朗润起来了，水涨起来了，太阳的脸红起来了。

모두가 마치 금방 잠에서 깨어난 모습이고, 흔연히 눈을 떴습니다. 산은 맑게 빛나기 시작했고 물은 불어나기 시작했고 태양의 얼굴은 붉어지기 시작했습니다.

A: 张开了眼

- 동사 '张'뒤에 '벌리다. 열다'라는 의미의 결과보어 开를 붙임.

例 1. 妈妈给小婴儿解开上衣，然后帮他洗澡。

2. 老师叫我们张开嘴大声读课文。

- 반대의 개념인 '덮다. 합하다'라는 의미의 결과보어 上

例 1. 我闭上眼集中精神思考。

2. 请合上书，开始默写。

B: 朗润起来　涨起来　红起来

- 방향보어 起来의 확장된 의미

1. 형용사 + 起来

어떠한 상황이 고조됨을 나타낼 때.

例 1. 期末考快到了，平常不念书的他开始紧张起来。

2. 他的身体正一天天好起来。

2. 동사 + 起[+명사] + 来

1) 동작이 행동에 옮겨져 기세가 증가됨.

例 1. 看起来，这件事他不会同意的。

2. 和他比起来，我的个儿是比他高一点。

2) 분산에서 집중, 결합을 나타낼 때

例 集中起来　捆起来　团结起来　合起来

3) 동작이 시작되거나 계속해서 지속됨을 나타낼 때

例 说起话来　讨论起来

3

小草偷偷地从土里钻出来，嫩嫩的，绿绿的。园子里，田野里，瞧去一大片一大片满是的。

새싹은 살그머니 흙 속을 뚫고 나오고, 여리고 파릇파릇합니다. 뜰과 들을 보니 한 무더기 한 무더기 가득합니다.

A: 嫩嫩的, 绿绿的

- 단음절형용사의 중첩형식이 술어나 정도보어로 쓰일 때는 뒤에 的를 붙인다.

例 她写日记写得密密麻麻的。

B: 园子里, 田野里, 瞧去一大片一大片满是的。

- 동사 '瞧去'; 시적인 표현을 더하기 위하여 뒤에 위치, 해석시 선행절의 앞에 놓아 "瞧去 园子里, 田野里, 一大片一大片满是的。(뜰과 들을 보니 한 무더기 한 무더기 가득합니다.)"로 해석한다.

4

坐着，躺着，打两个滚，踢几脚球，赛几趟跑，捉几回迷藏。风轻悄悄的，草软绵绵的。

앉아도 보고, 누워도 보고, 두 번 데굴데굴 굴러도 보고, 공을 몇 번 차보기도 하고, 몇 차례 달리기 경주도 해보고, 숨바꼭질도 몇 번 해봅니다. 바람은 산들산들, 풀은 솜처럼 폭신폭신합니다.

A: 打两个滚, 踢几脚球, 赛几趟跑, 捉几回迷藏

- 이합사; 동사+목적어 구조로 된 동사. 둘 사이에는 시량사와 동량사 외에 다른 목적어나 명사성 단어가 들어올 수 없다.

我跟他见过两次面。동사 + 동량사 + 목적어

我睡了八个小时觉。동사 + 시량사 + 목적어

- 동량사는 '次', '回'가 일반적이며, 동작을 가하는 대상이 동량사로 차

용되는 경우가 있다.
踢는 '脚'를 동량사로, 看은 '眼'을 동량사로, 打는 '拳'을 동량사로 사용하여 각각 踢几脚, 看一眼, 打两拳으로 표현한다.

B: 风轻悄悄的, 草软绵绵的

- 悄悄는 중첩 사용시, 3성이 아니고 1성(qiāoqiāo)임을 주의.

본문 읽기 (2)

원어민의 음성을 듣고 문장의 억양을 살려서 소리내어 읽어 봅시다.

桃树、杏树、梨树, 你不让我, 我不让你, 都开满了花赶趟儿。红的像火, 粉的像霞, 白的像雪。花里带着甜味儿：闭了眼, 树上仿佛已经满是桃儿、杏儿、梨儿。花下成千成百的蜜蜂嗡嗡地闹着, 大小的蝴蝶飞来飞去。野花遍地是：杂样儿, 有名字的, 没名字的, 散在草丛里像眼睛, 像星星, 还眨呀眨的。

"吹面不寒杨柳风", 不错的, 像母亲的手抚摸着你。风里带来些新翻的泥土的气息, 混着青草味儿, 还有各种花的香, 都在微微润湿的空气里酝酿。鸟儿将巢安在繁花嫩叶当中, 高兴起来了, 呼朋引伴地卖弄清脆的喉咙, 唱出宛转的曲子, 跟轻风流水应和着。牛背上牧童的短笛, 这时候也成天在嘹亮地响着。

단어장

赶趟儿	gǎntàngr	动	앞을 다투어 가다, 좋은 때를 만나다.	동 赶得上 반 赶不及
仿佛	fǎngfú	副	마치……인듯 하다.	유 好像

成千成百	chéngqiānchéngbǎi	成	수없이 많은	동 上万上千
遍地	biàndì	名	도처에	동 四处, 到处
草丛	cǎocóng	名	풀섶	
抚摸	fǔmō	动	쓰다듬다, 문지르다	동 摸抚, 摸弄
气息	qìxī	名	공기, 분위기	유 空气
润湿	rùnshī	动	적시다	
酝酿	yùnniàng	动	숙성되다, 익다, 내포하다, 품다	
繁花	fánhuā	名	무성한 꽃	동 百花
呼朋引伴	hūpéngyǐnbàn	成	동료를 끌어 들이다	동 引伴呼朋, 呼朋引类
卖弄	màinòng	动	뽐내다, 자랑하다	동 夸耀
喉咙	hóulóng	名	목, 목구멍	유 嗓子
宛转	wǎnzhuǎn	形	(노랫소리 따위가)구성지다.	동 婉转 반 直率
应和	yìnghè(4성)	动	(소리, 말, 행동에)호응하다, 맞장구치다	동 呼应, 唱和
短笛	duǎndí	名	작은 피리, 피콜로	
成天	chéngtiān	名	온종일	동 整天
嘹亮	liáoliàng	形	맑고 우렁차다	유 响亮, 洪亮

독해 연습 (2)

1

桃树、杏树、梨树, 你不让我, 我不让你, 都开满了花赶趟儿。红的像火, 粉的像霞, 白的像雪。

복숭아 나무, 살구 나무, 배 나무는 앞다투어 제 때에 맞추어 꽃을 활짝 피웠습니다. 붉은 것은 불과 같고, 분홍의 것은 노을과 같고, 흰 것은 눈과 같습니다.

A: 你不让我, 我不让你

- 让은 '~을 하게 하다'는 의미로 피동문에서 쓰이는 외에, 여기에서는 일반동사로 '양보하다, 비켜주다'라는 의미로 쓰인다.

B: 开满了花赶趟儿

- 满은 开의 결과보어로 꽃이 활짝 핀 상태
- 赶趟儿: 제 때에, 때맞추어, 앞다투어

2

花里带着甜味儿：闭了眼，树上仿佛已经满是桃儿、杏儿、梨儿。花下成千成百的蜜蜂嗡嗡地闹着，大小的蝴蝶飞来飞去。

꽃은 달콤한 맛을 가지고 있습니다. 눈을 감으면 나무는 마치 복숭아와 살구 그리고 배로 이미 가득한 것 같습니다. 꽃에는 수많은 벌들이 윙윙거리며 소란스럽고, 크고 작은 나비들이 이리 저리 날아다닙니다.

A: 桃儿、杏儿、梨儿,

- 명사성 성분 뒤에 붙는 儿은 생략 가능.

  단음절 명사는 단독으로 쓰이지 않고 자주 접미사 儿과 함께 쓰며 이 때 儿은 생략되지 않는다.

  孩儿　女儿　画儿

儿化韻의 발음의 발음

1. r을 붙이는 경우 ; -a, -o, -e, -u로 끝나는 음절

   花儿(huār)　这儿(zhèr)
2. er을 붙이는 경우; -i, -ü로 끝나는 음절

   气儿(qìer)　女儿(nǚer)
3. -i, -n빼고 r을 붙이는 경우 ; -ai, -ei, -an, en으로 끝나는 음절

   块儿(kuàr) 玩儿(wár)　盆儿(pér)
4. -i, -e, -n빼고 er을 붙이는 경우

   1) 설치음(zi, ci, si), 권설음(zhi, chi, shi)으로 끝나는 음절 ; 事儿(shèr)

   2) -ie, -ui, -in, -un, -ün으로 끝나는 음절 ; 会儿(huèr)
5. -ng빼고 r을 붙이는 경우 ; -ang, -eng, -ong, -iong로 끝나는 음절

   相儿(xiàr)　封儿(fēr)
6. -ng빼고 er을 붙이는 경우 ; -ing로 끝나는 음절

   影儿(yǐer)

B: 大小的蝴蝶飞来飞去

• "동사 + 来 + 동사 + 去"는 동작이 끊임없이 반복됨을 나타낸다.

走来走去　跑来跑去

3

野花遍地是：杂样儿，有名字的，没名字的，散在草丛里像眼睛，像星星，还眨呀眨的。

들꽃은 도처에 있습니다. 여러 가지 잡다한 모양의 것, 이름이 있는 것, 이름이 없는 것이 풀숲에 흩어져서 마치 눈과 같이, 별과 같이, 또한 깜빡깜빡 거립니다.

A: 野花遍地是

• 여기서 野花는 是의 목적어로서 도치된 표현, '도처에 들꽃이다.'라고 해석한다.

B: 还眨呀眨的

• '呀'는 중복되는 동사 뒤에 사용되어 그 행동이나 과정이 계속되거나 긴 과정을 나타낸다. '깜빡깜빡이다'라는 뜻.

例　他们追呀追呀，追了半天也没赶上。

C: 발음

• 遍은 piàn이 아니고 biàn으로 읽음.
• 散은 sàn이 아니고 sǎn 으로 읽음.

4

"吹面不寒杨柳风"，不错的，像母亲的手抚摸着你。风里带来些新翻的泥土的气息，混着青草味儿，还有各种花的香，都在微微润湿的空气里酝酿。

"얼굴에 불어도 춥지 않은 버들 가지 바람"은 좋습니다. 마치 어머니의 손과 같이 당신을 어루만지고 있습니다. 바람 속에는 새로이 뒤집은 흙의 기운들이 실려오고, 푸른 풀의 내음이 섞여있고, 또 각종 꽃들의 향기도 있는데, 모두 은은하고 촉촉한 공기 속에서 익어가고 있습니다.

A: ‘吹面不寒杨柳风’

- 宋나라 승려 志南의 시

> 古木阴中系短篷，杖藜扶我过桥东。
> 沾衣欲湿杏花雨，吹面不寒杨柳风。
>
> 고목 그늘진 곳에 작은 거룻배를 매어놓으니,
> 명아주 지팡이는 나를 부축하여 다리 동쪽으로 건네주었네.
> 옷을 적시어 촉촉하게 만드는 살구꽃에 내리는 비,
> 얼굴에 불어도 차갑지 않은 버드나무 가지에 부는 바람.

‘얼굴에 불어와도 차갑지 않은 버드나무사이에 이는 바람’. 즉, 양류나무가 푸르름을 발할 때 불어오는 바람은 차게 느껴지지 않는다는 뜻.

B: 발음

- 酝酿은 yùnrǎng이 아니고 yùnniàng 으로 읽음.

5

鸟儿将巢安在繁花嫩叶当中，高兴起来了，呼朋引伴地卖弄清脆的喉咙，唱出宛转的曲子，跟轻风流水应和着。牛背上牧童的短笛，这时候也成天在嘹亮地响着。

새는 둥지를 무성한 꽃의 어린잎 속에 틀고, 기뻐서 친구를 불러 모으듯이 맑고 낭랑한 목소리를 자랑하며 구성진 노래를 부르는데 산들바람과 흐르는 물과 함께 잘 어울립니다. 소의 등 위에는 목동의 피리가 이때에도 온종일 맑고 깨끗하게 울립니다.

A: 鸟儿将窠巢安在繁花嫩叶当中

- 将은 전치사 把와 같은 의미. ~을 ~에 안치하다.
- 在의 위치

  1) 동작의 도착 지점을 나타낼 때 在는 동사 뒤에 둔다.

     掉在地上　　　窗户开在东墙上

* 学习在北京 (X)

2) 출생, 발생, 거류장소 등을 나타낼 때

出生在北京　　在北京出生

B: 曲子

- 접미사 '子'의 발음

'子'는 작은 사물을 나타내는 단어의 뒤에 붙으며, 이때에는 경성으로 읽는다. 특히 3성의 어간과 결합할 때 발음에 주의할 것.

饺子　　椅子　　法子　　丑小子

단, '子'가 의미를 지닌 단어로 사용되면 원래의 성조를 갖는다. 3성의 어간과 결합할 때 어간은 2성으로 발음하게 된다.

孔子　　老子　　女子

C: 발음

- 应和는 동사이며 yìnghè로 읽음.

연습하기

읽기연습

녹음을 들으며 다음의 문장을 유창하게 읽을 수 있도록 반복 연습해 봅시다.

1. 山朗润起来了, 水涨起来了, 太阳的脸红起来了。

2. 花里带着甜味儿 ：闭了眼, 树上仿佛已经满是桃儿、杏儿、梨儿。

3. 野花遍地是：杂样儿, 有名字的, 没名字的, 散在草丛里像眼睛, 像星星, 还眨呀眨的。

4. 鸟儿将巢安在繁花嫩叶当中, 高兴起来了, 呼朋引伴地卖弄清脆的喉咙, 唱出宛转的曲子, 跟轻风流水应和着。

번역연습

다음 문장을 한국어로 번역해 봅시다.

1. 园子里, 田野里, 瞧去一大片一大片满是的。
   번역 : (　　　　　　　　　　　　　　　　　　　　　　)

2. 坐着, 躺着, 打两个滚, 踢几脚球, 赛几趟跑, 捉几回迷藏。
   번역 : (　　　　　　　　　　　　　　　　　　　　　　)

3. 风里带来些新翻的泥土的气息, 混着青草味儿, 还有各种花的香, 都在微 微润湿的空气里酝酿。
   번역 : (　　　　　　　　　　　　　　　　　　　　　　)

4. 鸟儿将巢安在繁花嫩叶当中，高兴起来了，呼朋引伴地卖弄清脆的喉咙，唱出宛转的曲子，跟轻风流水应和着。

번역 : (   )

심화연습

본문을 듣고 내용에 근거해서 원어민의 질문에 중국어로 답해봅시다.

녹음을 잘 들어 보세요

문제 1.

정답 : (   )

문제 2.

정답 : (   )

문제 3.

정답 : (   )

아래 문장의 '起来'와 같은 용법으로 쓰인 것을 고르시오.

문제 4. 山朗润<u>起来</u>了，水涨<u>起来</u>了，太阳的脸红<u>起来</u>了。

① 谁要发言？好，小张，你站<u>起来</u>！

② 妈妈把孩子抱<u>起来</u>了。

③ 想<u>起来</u>，我前天给他借了一支钢笔。

④ 天气日益暖和<u>起来</u>。

문제 5. 아래 밑줄 친 어휘와 의미가 같은 것을 고르시오.

鸟儿将巢安在繁花嫩叶当中，高兴起来了，呼朋引伴地<u>卖弄</u>清脆的喉咙，唱出宛转的曲子，跟轻风流水应和着。

① 销售　　② 夸耀　　③ 唱歌　　④ 弄嘴

학습 마무리

본 과에서 학습한 내용을 정리해 봅시다.

<春>의 전반부를 학습하면서 우리는 서정적인 아름다운 묘사와 다양한 표현들을 살펴보았습니다. 작가는 자연을 세밀하게 관찰하면서 봄의 특징을 잘 잡아내고 있고 생동적이고 선명한 언어로 잘 묘사하고 있습니다.
서정산문은 눈으로 보고 이해하기 보다는 감정을 넣어 소리내어 낭독함으로써 서정적이고 주관적인 표현을 잘 이해할 수 있습니다. 朗润, 酝酿, 悄悄, 嘹亮, 应和와 같은 단어의 발음과, 欣欣然, 偷偷, 嫩嫩, 绿绿, 一大片一大片, 轻悄悄, 软绵绵 등의 의태어와 중첩어의 표현을 잘 기억하면서 여러 번 읽어봅시다.

04

춘 (2)

학습포인트

1. 정확한 발음과 끊어읽기
2. 비유, 의인화 표현
3. 중첩어와 의태어 표현

본문 읽기 (1)

원어민의 음성을 듣고 문장의 억양을 살려서 소리내어 읽어 봅시다.

雨是最寻常的，一下就是三两天。可别恼，看，像牛毛，像花针，像细丝，密密地斜织着，人家屋顶上全笼着一层薄烟。树叶儿却绿得发亮，小草儿也青得逼你的眼。傍晚时候，上灯了，一点点黄晕的光，烘托出一片安静而和平的夜。在乡下，小路上，石桥边，有撑起伞慢慢走着的人：地里还有工作的农民，披着蓑戴着笠的。他们的房屋，稀稀疏疏的，在雨里静默着。

단어장

黄晕	huángyūn	形 희미하다. 어슴푸레한	동 昏暗，昏黄 반 明朗
烘托	hōngtuō	动 두드러지다. 대비되다	유 显出
蓑	suō	名 도롱이, 짚이나 띠로 만든 우장	
笠	lì	名 삿갓, 대오리나 갈대로 만든 갓	
稀稀疏疏	xīxī-shūshū	形 드문드문한	반 稠密

독해 연습 (1)

1

雨是最寻常的，一下就是三两天。

비는 가장 예사로운 것인데, 한 번 내리면 2~3일 동안 계속 됩니다.

A: 一下就是三两天

- 下는 동사, '一下 ~ 就是~'; '내리기만 하면 곧 ~이다.'의 뜻.
  대략적인 숫자 표현 : 인접한 두 개의 수를 연용. 일반적으로 숫자의 배열은 작은 것에서 큰 것으로 하는데, 큰 것에서 작은 것으로 배열하는 경우는 三两만 있고 소량의 의미를 지닌다. 九와 十, 十과 十一은 연용 할 수 없다. 三两天는 연이은 2, 3일을 뜻한다.

2

可别恼, 看, 像牛毛, 像花针, 像细丝, 密密地斜织着, 人家屋顶上全笼着一层薄烟。

절대 걱정하지 마세요. 보세요, 소의 털처럼, 자수 바늘처럼, 가는 명주실처럼, 촘촘하게 엊짜여있고 인가의 지붕 꼭대기에는 한 켜의 옅은 안개가 가득 끼어있습니다.

A: 人家

1. rénjiā –인가, 마을, 집안
2. rénjia –인칭대명사

1) 남, 다른 사람 (= 他人, 别人)

例 人家能做到的,我们也能做到。

2) 그 사람

例 把信给人家送去。

3) 나

例 人家等你半天了。

3

树叶儿却绿得发亮, 小草儿也青得逼你的眼。傍晚时候, 上灯了, 一点点黄晕的光, 烘托出一片安静而和平的夜。

나뭇잎은 오히려 빛이 날 정도로 푸르고 새싹도 눈부실 정도로 푸릅니다. 해질 무렵, 등이 켜지면 어슴푸레한 노란빛이 조용하고 평화로운 밤을 돋보이게 합니다.

A: 青得逼你的眼

- 逼는 ~하도록 강요하다, 조이다는 뜻으로서, 여기서는 당신의 눈을 억압하다, 즉 '눈부시다'의 뜻

B: 黄晕

- 黄晕은 형용사이며 '희미한, 어슴푸레한'의 의미.

C: 접속사 '而'

- 而은 같은 음절수의 문장 성분을 연결하여 병렬관계, 전환관계, 승접관계를 만들 수 있다. 주로 형용사나 형용사구를 사용한다.

例 1. 作品里的主人公，是真实而感人，亲切而可信的。
(병렬관계, 약간의 진일보 의미)
2. 张老师讲课少而精，简而明。(전환관계)
3. 青出于蓝而胜于蓝。(승접관계, 뒤의 서술은 앞보다 진일보하게 서술)

- 접속사 '并'은 동사나 동사구를 연결한다.

例 讨论并通过　　　　发生并发展

4

在乡下，小路上，石桥边，有撑起伞慢慢走着的人：地里还有工作的农民，披着蓑戴着笠的。他们的房屋，稀稀疏疏的，在雨里静默着。

시골의 작은 길 돌다리 옆에는 우산을 받쳐 들고 걸어가는 사람이 있고, 밭에는 일하는 농민이 도롱이를 걸치고 삿갓을 쓰고 있습니다. 그들의 집은 드문드문 빗속에서 고요히 서 있습니다.

A: 披着蓑戴着笠的

- 蓑는 도롱이인데 짚이나 대로 엮어 어깨에 걸쳐 두르는 우장의 한 가지이며, 笠는 대오리나 갈대로 거칠게 결어서 비를 가리는 갓이다.

본문 읽기 (2)

원어민의 음성을 듣고 문장의 억양을 살려서 소리내어 읽어 봅시다.

天上风筝渐渐多了，地上孩子也多了。城里乡下，家家户户，老老小小，也赶趟似的，一个个都出来了。舒活舒活筋骨，抖擞抖擞精神，各做各的一份事去。“一年之计在于春”，刚起头儿，有的是工夫，有的是希望。

春天像刚落地的娃娃，从头到脚都是新的，它生长着。

春天像小姑娘，花枝招展的，笑着，走着。

春天像健壮的青年，有铁一般的胳膊和腰脚，他领着我们上前去。

단어장

起头儿	qǐtóur	动	시작하다. 개시하다.
舒活筋骨	shūhuó-jīngǔ	成	뼈와 근육을 풀어주다
抖擞精神	dǒusǒu-jīngshén	成	정신을 차리다, 기운을 내다
花枝招展	huāzhī-zhāozhǎn	成	부녀자들의 화려하고 아름다움을 형용

독해 연습 (2)

1

天上风筝渐渐多了，地上孩子也多了。城里乡下，家家户户，老老小小，也赶趟似的，一个个都出来了。

하늘에는 연이 점점 많아지고 땅에는 아이들도 많아졌습니다. 도시나 시골이나 집집마다 남녀노소 할 것 없이 마치 앞 다투듯 하나씩 나옵니다.

A: 天上风筝渐渐多了

- 형용사 + 了 ~하게 되었다. ~하게 변하였다. 이전에는 그렇지 않았는데 (바야흐로)어떤 상태로 변화하였다는 의미임.

例 苹果红了。(붉어졌다)

B: 风筝

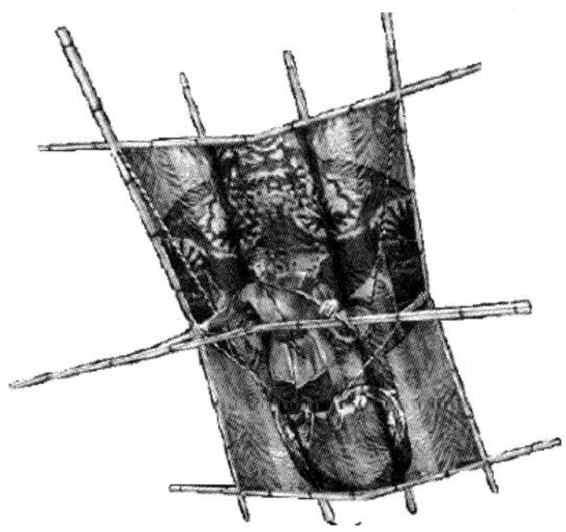

고대 중국에서는 큰 연을 하늘에 띄어 줄을 끊으면 한 해의 액을 모두 날려 버린다고 여겼다.
风筝(풍쟁)의 筝은 거문고와 비슷한 13현의 악기 중 하나이다. 바람으로 인하여 연에 매달은 호루라기 같은 물건에서 소리를 내는 '쟁'의 소리와 흡사하여 지은 이름이라 한다. 风筝의 종류를 살펴보면, 형태에 따라 동물(새, 나비, 물고기, 곤충, 박쥐 등), 식물(복숭아, 배추, 연꽃 등), 인물(손오공, 미인, 신선 등), 기타(태극, 팔괘 등) 여러가지 다양한 모양으로 나뉘어 진다.

C: 赶趟似的

- 似的는 shide로 발음. 像赶趟一样의 의미

2

舒活舒活筋骨，抖擞抖擞精神，各做各的一份事去。"一年之计在于春"，刚起头儿，有的是工夫，有的是希望。

몸을 움직이고 마음을 가다듬고 각자의 분량의 일을 하러 갑니다. "일년의 계획은 봄에 있습니다"라고 하지 않았나요? 시간은 많이 있고, 희망도 얼마든지 있습니다.

A: 舒活舒活　抖擞抖擞

- 이음절 동사의 중첩

중첩시에 사이에 看一看, 坐一坐처럼 '一'를 넣지 못하며, 두 번째 음절은 경성으로 가볍게 읽는다.

例 讨论讨论　应付应付　休息休息

B: 一年之计在于春

- "한 해의 계획이 봄에 달려있다." 之는 '的'의 의미, 计는 '计划'를 뜻한다.

C: 有的是工夫, 有的是希望

- 有的是는 '많이 있다, 얼마든지 있다'라는 뜻으로 수량이 많음을 강조한다.

例 他有的是钱。그는 부자다. (= 他很有钱。 = 他是很有钱的。)

3

春天像刚落地的娃娃, 从头到脚都是新的, 它生长着。

春天像小姑娘, 花枝招展的, 笑着, 走着。

春天像健壮的青年, 有铁一般的胳膊和腰脚, 他领着我们上前去。

봄은 막 태어난 아기처럼 머리부터 발끝까지 새로우며 그것은 자랍니다.
봄은 아름답게 단장한 아가씨 마냥 웃으며 걸어옵니다.
봄은 건장한 청년처럼 무쇠 같은 팔과 다리를 가지고 있어서 우리를 앞으로 나아가게 이끕니다.

A: 花枝招展

花枝는 꽃가지, 즉 미인을 일컬음. 招展은 펄럭이다. 사람의 주의를 끌다는 뜻. 花枝招展은 '화려하게 단장한 여인'의 의미.

B: 有铁一般的胳膊和腰脚

一般은 像(......似的) 혹은 像(......一样)으로 바꿀 수 있다.

例
1. 她的笑容有玫瑰一般的娇艳和甜美, 曼妙的舞姿也如风中摇逸的莲花似的。
2. 他的意志像钢铁一样。

연습하기

읽기연습

녹음을 들으며 다음의 문장을 유창하게 읽을 수 있도록 반복 연습해 봅시다.

1. 可别恼, 看, 像牛毛, 像花针, 像细丝, 密密地斜织着, 人家屋顶上全笼着一层薄烟。

2. 傍晚时候, 上灯了, 一点点黄晕的光, 烘托出一片安静而和平的夜。

3. "一年之计在于春", 刚起头儿, 有的是工夫, 有的是希望。

4. 春天像刚落地的娃娃, 从头到脚都是新的, 它生长着。

번역연습

다음 문장을 한국어로 번역해 봅시다.

1. 傍晚时候, 上灯了, 一点点黄晕的光, 烘托出一片安静而和平的夜。
   번역: (　　　　　　　　　　　　　　　　　　　　　　　)

2. 一年之计在于春", 刚起头儿, 有的是工夫, 有的是希望。
   번역: (　　　　　　　　　　　　　　　　　　　　　　　)

3. 春天像健壮的青年, 有铁一般的胳膊和腰脚, 他领着我们上前去。

번역: (   )

심화연습

본문을 듣고 내용에 근거해서 원어민의 질문에 중국어로 답해봅시다.

녹음을 잘 들어 보세요

문제 1.

정답: (   )

문제 2.

정답: (   )

문제 3.

정답: (   )

빈칸에 들어갈 낱말로 알맞게 짝지어진 것을 고르시오.

문제 4. 树叶儿却绿得(   ), 小草儿也青得(   )你的眼。

① 发昏-以 ② 发红-罪 ③ 发亮-逼 ④ 很-向

학습 마무리

1. 본 과에서 학습한 내용정리

작품을 학습하면서 봄의 새로운 기운과 새로운 생명력을 충분히 느꼈을 것입니다. 이제 학습한 것에 대해 다음 몇 가지로 정리해 봅시다.

첫째, 본 과에서 우리는 朗润, 酝酿, 悄悄, 嘹亮, 应和, 晕, 烘托, 蓑와 같은 단어들을 정확하게 발음해야 함을 기억합시다.

둘째, 脚步近, 睡醒, 张开眼, 脸红, 钻出来, 坐着, 躺着, 打滚, 踢球, 赛跑와 같이 비유와 의인화되어 표현한 부분을 정리하여야 합니다.

셋째, 欣欣然, 偷偷, 嫩嫩, 绿绿, 一大片一大片, 轻悄悄, 软绵绵, 嗡嗡, 微微와 같이 동사나 형용사, 수량구를 중첩하여 어기를 강화하거나 완화시키는 표현방법을 익혀야 합니다.

또한, 草, 花, 风, 鸟, 雨, 人 등 사물이나 사람의 특징을 묘사한 것에 주의하여야 합니다.

2. 작품의 대강

<春>은 1937년에 발표된 것으로 서정산문시와도 같은 산문입니다.
봄을 기다리고 봄을 사랑하는 작가의 간절함을 마치 한폭의 그림과 같이 형상화시키고 있습니다.

그는 글 속에서 '갓난아이와 같은 봄'을 창조하여 그것에 무한한 희망을 걸었고, 다가올 인류의 봄에 대해서도 충만한 믿음을 진지하게 표현하였습니다.
전체 문장은 네 부분으로 나뉘며, 모두 봄을 맞이하는 작가의 다양한 태도를 말하고 있습니다.
첫 단락에서는 봄을 고대하는 마음을 읊었고, (盼望着~春天的脚步近了。)
두 번째 단락은 봄을 맞이하는 기쁨을 묘사했으며, (一切都像~这时候也成天在嘹亮地响着。)
세 번째 단락에서는 인간 세상에서의 봄의 현상을 노래했고, (雨是最寻常的 ~ 有的是希望。)
마지막 단락에서는 인생에 비유하면서 봄의 생명력과 희망을 예찬하였습니다. (春天像刚落地的娃娃 ~ 他领着我们上前去。)

3. 작품의 주제

以盼望春到的心情为主，描绘景物充盈着跃动的活力与生命的灵气

중국어 문장부호

1. 문장 부호의 중요성

문장 부호란 문장 각 부분 사이에 표시하여 논리적 관계를 명시하거나 문장의 정확한 의미를 전달하기 위하여 표기법의 보조수단으로 쓰이는 부호를말한다. 문장 부호는 낱말이나 글자에 못지 않게 중요한 의미를 지니고 있는데 이는 중국어에서도 마찬가지이다.
글을 쓰거나 읽을 때 문장 부호에 유의하지 않으면 의사소통에 큰 장애를 초래할 수도 있다. 그러므로 본 강의는 중국어 학습자들이 문장 부호의 기능과 역할을 익혀서 효과적으로 중국어 학습을 할 수 있기 위함에 있다.

2. 주요 문장 부호

1) 마침표 - 고리점 句号[。]

마침표는 한국어와 마찬가지로 사실을 설명하는 평서문 문미에 쓰인다. 다만 중국어의 마침표는 고리점[。]임에 유의해야 한다.

(1) 北方话是普通话的基础方言。
(북방어는 표준어의 기초 방언이다.)
(2) 祖国的面貌焕然一新。
(조국의 상황이 몰라보게 달라졌다.)

2) 쉼표 - 모점 顿号[、]

모점[、]은 문장 안에서 병렬적 어휘 사이의 휴지를 나타낸다. 모점[、]이 나타내는 휴지는 반점[,]에 비해 짧으며, 나열된 단어나 구를 갈라 구분하는 데 쓰인다. 중국어에서의 모점[、]은 가장 기본적인 문장 성분의 나열을 나타내며, 반점[,]의 하위개념이다.

(1) 我喜欢吃香蕉、菠萝、荔枝什么的。
(나는 바나나, 파인애플, 그리고 리쯔따위를 좋아한다.)
(2) 亚马孙河、尼罗河、密西西比河和长江是世界大河流。
(아마존강, 나일강, 미시시피강 그리고 양쯔강은 세계의 4대 강이다.)

또한, 한국어 문장에서 항목에 번호 등을 붙여 나열할 때는 번호 뒤에 마침표를 찍지만, 중국어 문장에서는 모점[、]을 찍는다.

1、…… 2、…… 3、……　　一、…… 二、…… 三、……

* 한자로 된 숫자가 괄호 안에 있다면 모점[、] 혹은 쉼표를 사용할 수 없다.

(一)、… (二)、… (三)、…

특히 중국어에 있어서 모점[、]은 반점[,]과 잘 구별하여 사용하여야 문장의 뜻을 올바로 새길 수 있음을 주의해야 한다.

3) 머무름표 分号[;]

(1) 머무름표[;]는 복문 내부의 병렬된 절 사이의 휴지를 나타낸다. 머무름표[;]가 나타내는 휴지는 반점[,]보다 크며, 주로 병렬절을 갈라 구분하는 데 쓰인다.

例 语言，人们用来抒情达意；文字，人们用来记言记事。
(언어란, 사람들이 감정을 실어 그 뜻을 표현하는 것이며; 문자란, 사람들이 언어를 가지고 그 일을 기록하는 것이다.)

(2) 병렬관계가 아닌 다중복문 내에도 머무름표를 쓴다.

例 我国年满十八周岁的公民，不分民族、种族、性别、职业、家庭出身、宗教信 仰、教育程度、财产状况、居住期限，都有选举权和被选举权；但是依照法律被剥夺政治权利的人除外。
(우리나라에서 나이가 만 18세가 되는 국민은 민족, 종족, 성별, 직업, 가정출신, 종교신앙, 교육정도, 재산상황, 거주기한을 불문하고 모두 선거권과 피선거권을 가진다 ; 단, 법률에 의거하여 정치권리를 박탈당한 자는 제외한다.)

4) 쌍점 冒号[:]

쌍점[:]은 제시적 성격의 구절 뒤에서 휴지를 나타내며, 다음 문장을 끌어내는 데 쓰인다. 그리고, 총괄적 성격의 말 앞에 사용할 수 있다.

(1) 他们很高兴地握着我们的手说: “欢迎你们”。
(그들은 기뻐서 우리의 손을 잡고 말하였다: “당신들을 환영합니다.”)
(2) 他只说了一声: “我走了。” 就匆匆忙忙地跑出门去。
(그는 “나 갈께”라고 한마디 하고는 황급히 뛰어나갔다.)

5) 줄표 破折号[—]

줄표[—]는 문장 중에서 해설 또는 설명의 어구를 표시한다. 줄표[—]와 괄호는 용법이 다르다. 줄표[—]가 이끄는 해설이나 설명이 본문의 일부분이라면, 괄호 안의 해설이나 설명은 본문이 아니며, 다만 주석일 뿐이다.

例 蝉的幼虫初次出现于地面, 需要寻求适当的地点－矮树、篱笆、野草、灌木枝等－脱掉身上的皮。
(매미의 유충이 처음 땅에 나오면, 적당한 지점 － 작은 나무, 울타리, 들풀, 관목가지 등 －을 찾아서 몸의 껍질을 벗어야 한다.)

이외에도 화제의 갑작스런 변화와 소리의 연장 그리고 사항의 열거와 나뉨을 나타낸다.

6) 괄호 括号 [( )]

괄호는 문장 중에서 주석적 성격의 말을 표시한다.

例 中国猿人(全名为 "中国猿人北京种", 或简称"北京人") 在我国的发现, 是对人类学的一个重大贡献。
(중국원인(전체이름은 '중국원인 베이징종'이며, '베이징인'으로 약칭하기도 함)의 우리 나라에서의 발견은 고인류학에 대한 중대한 공헌이다.)

7) 홀이름표 专名号 [__]

홀이름표[__]는 인명, 지명, 왕조명 등을 표시한다.
司马相如者, 汉 成都人也, 字长卿。(사마상여는 한나라 청도 사람이며, 자는 장경이다.) 여기서 "司马相如"는 인명, "汉"은 왕조명, "蜀郡"과 "成都"는 지명이다.

8) 책 이름표 书名号[≪ ≫], [〈 〉]

(1) 책 이름표[≪ ≫]는 책제목, 글제목, 신문이나 잡지의 명칭 등을 표시한다.

例 ≪红楼梦≫的作者是曹雪芹。
(「홍루몽」)의 작가는 조설근이다.)

例 他的文章在 ≪人民日报≫上发表了。
(그의 글이 「인민일보」)에 발표되었다.)

(2) 책 이름표 안에 또 책 이름표를 써야 할 경우에는 바깥쪽에 큰 책 이름표 [≪ ≫]를, 안쪽엔 작은 책 이름표[〈 〉]를 쓴다.

例 ≪<中国工人> 发刊词≫ 发表於 1940年 2月 7日。

MEMO

05

鸟的天堂 (1)

들어가면서…

파금(巴金)의 작품 〈鸟的天堂〉은 자연경물의 기이함과 아름다운 모습을 서술한 서사산문인데, 〈鸟的天堂〉이라는 것은 작가가 두 번 가 보았던 새들의 낙원을 말한다. 이 작품을 통해서 우리는 중국의 남방에서만 볼 수 있는 용수나무의 기이한 모습과 또한 그곳에서 서식하고 있는 새들을 습성을 살펴볼 것이고, 또한 자연경물을 묘사하는데 있어서 정적인 표현과 동적인 표현들을 익힐 수 있다.

본 과의 문장을 해석해 보면서 자연이나 사물에 대한 정적인 표현에는 어떠한 다양한 묘사방법이 있는지를 학습할 것이다.

학습포인트

1. 용수나무의 기이함과 아름다움
2. 자연경물에 대한 정태적 묘사

巴金 (1904~2005.10.17)

작가소개 …

본명은 이비감(李芾甘)이다. 사천성 성도(成都) 사람이다. 5·4운동을 계기로 새로운 사상에 눈을 떠 1923년 봉건적인 가정에서 나와 상해와 남경에서 공부하였다. 1927년부터 3년동안 프랑스에서 유학했고, 1929년에 귀국하여 이때부터 문학창작을 시작하였다. 1929년에 발표한 그의 처녀작 ≪멸망(滅亡)≫은 호평을 받았다. 사회 활동가로도 유명한 그는 소설가이자 산문가, 동화작가로서, 新时期(1978년 '十一届三中全会'이후의 시기)이후 여러 차례 작가협회장을 역임한 중국의 대문호로 일컬어진다.

그의 작품에는 감정이 풍부하게 드러나며 삼부곡 식의 큰 편폭의 작품이 많다. 후기 작품은 침착하고 소박한 특징을 띠는데, 장편 소설로는 걸작으로 일컬어지는 ≪가(家)≫(1931), ≪한야(寒夜)≫(1946)가 있다. 주요 저작으로는 ≪파금문집(巴金文集)≫, ≪수상록(随想錄)≫5권이 있다. 그는 20세기 중국문학 발전사에 중요한 인물이다.

본문 읽기 (1)

원어민의 음성을 듣고 문장의 억양을 살려서 소리내어 읽어 봅시다.

我们在陈的小学校里吃了晚饭, 热气已经退了。太阳落下了山坡, 只留下一段灿烂的红霞在天边。我们走过一条石子路, 很快就到了河边。在河边大树下, 我们发现了几只小船。

我们陆续跳上一只船。一个朋友解开了绳, 拿起竹竿一拨, 船缓缓地动了, 向河中心流去。

河面很宽, 白茫茫的水上没有一点波浪。船平静地在水面流动。三支桨有规律地在水里划, 那声音就像一支乐曲。

在一个地方, 河面变窄了。一簇簇绿叶伸到水面上。树叶绿得可爱。那是许多茂盛的榕树, 不见主干在什么地方。

단어장

山坡	shānpō	名 산비탈	유 斜坡 비탈
灿烂	cànlàn	形 찬란하다	
霞	xiá	名 노을	
陆续	lùxù	副 끊임없이	
解开	jiěkāi	动 (끈 매듭을)풀다	
竹竿	zhúgān	名 대나무 장대	
拨	bō	动 (손·막대기를 옆으로)밀어 움직이다	
缓缓	huǎnhuǎn	形 느릿느릿한 모양	
白茫茫	báimángmáng	形 끝없이 하얗다	
桨	jiǎng	名 (배의 짧고 작은)노	유 橹 (굵고 긴) 노
窄	zhǎi	形 (폭이)좁다	반 宽
一簇簇	yīcùcù	한무더기 한무더기	
茂盛	màoshèng	形 우거지다, 무성하다	유 茂密
榕树	róngshù	名 용수나무	
主干	zhǔgàn	名 원줄기	

독해 연습 (1)

1

我们在陈的小学校里吃了晚饭，热气已经退了。太阳落下了山坡，只留下一段灿烂的红霞在天边。我们走过一条石子路，很快就到了河边。在河边大树下，我们发现了几只小船。

우리가 천(陳)군의 소학교에서 저녁을 먹고 나자, 더위는 이미 가셨다. 해는 산비탈로 떨어졌고, 단지 찬란한 붉은 노을만을 하늘 끝에 남겨 놓았다. 우리는 돌길을 걸어갔고, 금세 강가에 도착하였다. 강가의 큰 나무 아래에서 우리는 작은 배 몇 척을 발견하였다.

A: 留下 ~ ~ 在天边

~을 하늘가에 남기다

例 1. 我们都毕业了，只留下我们大学时的美好回忆在美丽的校园里。

2. 他不在，请你留下你的电话号码在他办公室。
(=请你把你的电话号码留在他办公室。)

B: 一段

한 부분, 한 대목을 나타내는 수량사이다. 장소, 사물을 몇 개로 구분할 때 어느 한 구역, 부분을 의미하기도 하고, 문장이나 노래 따위의 한 단락, 또는 일의 일 단락을 표시한다.

例 1. 一段不该忘却的历史

2. 我在翻译公司工作的一段经历，希望能同刚进或想进翻译公司的朋友一起享。

C: 我们走过一条石子路

• 条 : 가늘고 긴 느낌이 있는 것의 양사로 쓰인다.

例 一条河 / 一条小路 / 一条阳光 / 一条裤子 / 一条生命

2

我们陆续跳上一只船。一个朋友解开了绳，拿起竹竿一拨，船缓缓地动了，向河中心流去。河面很宽，白茫茫的水上没有一点波浪。

우리는 연달아 한 배에 뛰어 올랐다. 한 친구가 밧줄을 풀고 대나무 장대를 들어 한번 저으니 배가 천천히 움직여 강 한복판으로 이동하였다. 강폭은 넓었고, 온통 새하얀 강물에는 한 점의 출렁임도 없었다.

A: 跳上一只船

배에 올라탔다.

例 跳下河水　跳上车子

* 跳在船上(x)　跳上在船(x)

B: 竹竿

竹竿은 나루에서 작은 배를 움직여 나아가고자 할 때 먼저 긴 장대로 물밑 흙더미에 꽂았다가 뒤로 밀치면서 배가 앞으로 나가도록 하는 장대를 말한다. 또 배가 가다가 물 가운데 수초나 퇴적된 흙더미에 부딪치면 죽간을 사용하여 배가 빠져나갈 수 있도록 한다.

C: 白茫茫

단음절 형용사+중첩 형태소; 중첩 형태소는 형용사의 정도를 묘사하고 그 어기를 더 강화시킨다.

亮晶晶　热乎乎　香喷喷

例 1. 那年大雪白茫茫的。

2. 当到山顶时，你将看到白茫茫的天堂世界。

3

船平静地在水面流动。三支桨有规律地在水里划，那声音就像一支乐曲。三支桨有规律地在水里划，那声音就像一支乐曲。

배는 고요히 수면 위에서 옮겨갔다. 세 개의 노는 절도 있게 물 속에서 노를 젓는데, 그 소리는 마치 하나의 곡조와도 같았다.

A: 양사 支

1. 노래나 악곡을 세는 단위

例 两支新的乐曲

2. 대오나 부대를 세는 단위

例 一支文化队伍　　一支军队

3. 가늘고 긴 물건을 세는 단위(=枝)

例 一支钢笔　　一支香烟

B: 有规律地

절도있게, 규칙적으로

동사, 형용사, 기타 동사구, 형용사구 등이 부사어로 사용될 경우는 뒤에 '地'를 붙여야 한다. 단, 습관적으로 쓰는 동사, 형용사는 '地'를 생략한다.

例 1. 学生认真学习。

2. 我们热烈欢迎大家。

4

在一个地方，河面变窄了。一簇簇绿叶伸到水面上。树叶绿得可爱。那是许多茂盛的榕树，不见主干在什么地方。

어떤 곳에서 수면이 좁아졌다. 한 무더기 한 무더기의 푸른 잎들이 강물 위에 뻗어 있었다. 나뭇잎들이 푸른 것이 정말 예뻤다. 그것은 엄청나게 우거진 용수나무였고, 원줄기는 어디 있는지 보이지 않았다.

A: 一簇簇

= 一簇一簇 한 무더기 한 무더기

• 수량사구의 중첩

1. 관형어 ─ 一 + 명량사의 중첩은 개체의 나열을 나타내고,
   ─ 一 + 동량사의 중첩은 동작의 반복을 나타낸다.

例 桌子上也放着一摞(又)一摞的杂志和书。

一次(又一)次的考试，弄得他们紧张极了。

2. 부사어 ─ 수사 + 명량사의 중첩은 동작하는 방식을 나타내고,
   ─ 一 + 동량사의 중첩은 동작이 수차례 반복됨을 나타낸다.

例 1. 汽车四辆四辆地通过。

2. 这么多菜，我是一个一个地学的。

3. 我一遍（又）一遍地读，可怎么也记不住。

B: 伸到水面上

伸, 送, 寄, 走와 같은 방향성을 갖는 동사 뒤에 결과보어 到를 붙이면 그 동작이 어느 곳으로 옮겨가는지를 나타낸다.

例 1. 她把小手伸到我的面前，做出胜利的手势，十分得意。

2. 邮递员把快递送到我的家里。

본문 읽기 (2)

원어민의 음성을 듣고 문장의 억양을 살려서 소리내어 읽어 봅시다.

当我说许多棵榕树的时候, 我的错误马上就给朋友们纠正了。一个朋友说那只有一棵榕树, 另一个朋友说是两棵。我见过不少的大榕树, 这样大的还是第一次看见。我们的船渐渐逼近榕树了。我有机会看清它的真面目, 真是一棵大树, 枝干的数目不可计数。枝上又生根, 有许多根直垂到地上, 伸进泥土里。一部分树枝垂到水面。从远处看, 就像一棵大树卧在水面上。

榕树正是茂盛的时期, 好像把它的全部生命力展示给我们看。那么多的绿叶, 一簇堆在另一簇上面, 不留一点缝隙。

翠绿的颜色明亮地在我们的眼前闪耀, 似乎每一片绿叶上都有一个新的生命在颤动。这美丽的南国的树!

단어장

棵	kē	量	그루	
纠正	jiūzhèng	动	(잘못 된 점을)고치다, 교정하다	
逼近	bījìn	动	바싹 접근하다(가까워지다)	유 接近, 靠近
不可计数	bùkě-jìshǔ	成	헤아릴 수 없다	동 不可胜数
生根	shēnggēn	动	뿌리가 돋아나다	
垂	chuí	动	늘어뜨리다	
簇	cù	量	(한곳에 모아놓거나 쌓아 놓은 것을 세는 단위) 무더기. 더미	
缝隙	fèngxì	名	틈	
翠绿	cuìlǜ	形	청록색의	동 青绿
闪耀	shǎnyào	动	반짝 반짝 빛나다	
颤动	chàndòng	动	흔들리다, 떨다	유 抖动
南国	nánguó	名	(文)중국의 남방	

독해 연습 (2)

1

当我说许多棵榕树的时候，我的错误马上就给朋友们纠正了。一个朋友说那只有一棵榕树，另一个朋友说是两棵。我见过不少的大榕树，这样大的还是第一次看见。

내가 수많은 용수나무라고 말할 때 친구들은 즉시 내 잘못을 고쳐 주었다. 한 친구는 그것은 단 한 그루라고 말하였고, 또다른 친구는 두 그루라고 말하였다. 나는 많은 큰 용수나무를 보았지만 이렇게 큰 것은 역시 처음 보는 것이다.

A: 当……的时候 (마침) ~할 때에

例 当我准备出门的时候，恰好听到今晚会下初雪。

B: 纠正과 改正

- 纠正 : 사상, 행동, 방법 따위의 단점이나 잘못을 교정하거나 바로 잡는다는 의미이다.
- 改正 : 본래 상태에서 더 발전한 상태로 바꾼다는 의미이다.

例 1. 请改正错误的语句。
2. 改正不良的习惯

2

我们的船渐渐逼近榕树了。我有机会看清它的真面目，真是一棵大树，枝干的数目不可计数。枝上又生根，有许多根直垂到地上，伸进泥土里。一部分树枝垂到水面。从远处看，就像一棵大树卧在水面上。

우리의 배가 점점 용수나무에 가까워졌다. 나는 그것의 진면목을 확실하게 볼 기회가 생겼는데, 정말로 한 그루의 큰 나무였고 가지의 줄기 수는 셀 수도 없었다. 가지에는 또 뿌리가 돋아나 여러 개의 뿌리가 곧게 땅으로 늘어져 진흙 속까지 뻗어 들어가 있었다. 일부 나뭇가지는 물 위까지 늘어져 있었다. 멀리서 보니, 마치 큰 나무 한 그루가 물 위에 누워 있는 것 같았다.

A: 逼近

- '~에 바싹 접근하다, 바싹 다가가다'

  逼近, 接近은 주로 사물을 대상으로 하고, 亲近은 주로 사람 사이가 친근하다. 가깝다는 뜻이다.

例 1. 两位以后可以多亲近亲近!
2. 应该让小孩子多亲近亲近小动物, 以培养她的爱心。

B: 我有机会看清它的真面目

- '有'를 사용한 연동식 구문의 한 형태

  有+목적어는 연동문의 술어 앞에 오며, 뒤의 동작이 일어난 원인이나 조건을 나타낸다. 술어 뒤에 목적어가 또 있으면, 뒤의 동목구는 앞의 동목구에 대해 보충 설명하는 역할을 한다.

例 他有事情没有参加今天的晚会。

C: 不可计数

计数 (jìshǔ)는 '헤아리다, 계산하다'라는 뜻의 동사로 자주 不可와 결합하여 사용한다.

例 不可避免　不可胜数　不可思议

3

榕树正是茂盛的时期, 好像把它的全部生命力展示给我们看。那么多的绿叶, 一簇堆在另一簇上面, 不留一点缝隙。

용수나무는 한창 무성할 시기여서 마치 그것의 모든 생명력을 우리에게 내보이는 것 같았다. 그토록 많은 푸른 잎은 한 무더기가 또 다른 무더기 위에 쌓여 조금의 틈도 남기지 않았다.

A: 茂盛과 繁盛

- 茂盛, 숲 또는 풀이 우거지거나 농작물 등이 무성하다.

例 荒废的土地上杂草茂盛。

- 繁盛, 사업이나 산업이 번성하다, 번창하다.

例 这个城市越来越繁荣了。

B: 展示와 展览

- 展示 : 광경, 활동, 작동 등을 펼쳐 보인다.

例 展示人物的内心世界。

- 展览 : 그림, 도구 등 구체적 사물을 보이다.

例 美术博物馆里的现代派作品展览会吸引了众多的美术爱好者, 此类作品展示出人类对自然美的追求和反思。

C: 把它的全部生命力展示给我们看

- 把 A 展示给 B 看 A를 B에게 나타내 보이다.

例 1. 请你把你的真才实学展示给大家看。
2. 中国政府把海南之美展示给世界。

4

翠绿的颜色明亮地在我们的眼前闪耀, 似乎每一片绿叶上都有一个新的生命在颤动。这美丽的南国的树!

그 청록의 빛깔은 맑고 환하게 우리의 눈앞에서 반짝거렸는데, 마치 파란잎 하나 하나에 모두 새로운 생명이 있어서 떨고 있는 것 같았다. 이 아름다운 남국의 나무여!

A: 似乎每一片绿叶上都有一个新的生命在颤动。

- 似乎는 sìhu로 발음.
- 在는 동작의 진행을 나타낸다.

연습하기

읽기연습

녹음을 들으며 다음의 문장을 유창하게 읽을 수 있도록 반복 연습해 봅시다.

1. 我们在陈的小学校里吃了晚饭，热气已经退了。太阳落下了山坡，只留下一段灿烂的红霞在天边。

2. 一个朋友解开了绳，拿起竹竿一拨，船缓缓地动了，向河中心流去。

3. 我们的船渐渐逼近榕树了。我有机会看清它的真面目，真是一棵大树，枝干的数目不可计数。

4. 翠绿的颜色明亮地在我们的眼前闪耀，似乎每一片绿叶上都有一个新的生命在颤动。

번역연습

다음 문장을 한국어로 번역해 봅시다.

1. 我们在陈的小学校里吃了晚饭，热气已经退了。
   太阳落下了山坡，只留下一段灿烂的红霞在天边。
   번역: (　　　　　　　　　　　　　　　　　　　　)

2. 船平静地在水面流动。三支桨有规律地在水里划，那声音就像一支乐曲。

번역: (　　　　　　　　　　　　　　　　　　　　　　　　　　　　)

3. 我们的船渐渐逼近榕树了。我有机会看清它的真面目，真是一棵大树，枝干的数目不可计数。

번역: (　　　　　　　　　　　　　　　　　　　　　　　　　　　　)

4. 榕树正是茂盛的时期，好像把它的全部生命力展示给我们看。

번역: (　　　　　　　　　　　　　　　　　　　　　　　　　　　　)

심화연습

본문을 듣고 내용에 근거해서 원어민의 질문에 중국어로 답해봅시다.

녹음을 잘 들어 보세요.

문제 1.

정답 : (　　　　　　　　　　　　　　　　　　　　　　)

문제 2.

정답 : (　　　　　　　　　　　　　　　　　　　　　　)

문제 3.

정답 : (　　　　　　　　　　　　　　　　　　　　　　)

다음 밑줄 친 낱말과 같은 의미로 짝지어진 것을 고르시오.

문제 4. 我们陆续跳上一只船。一个朋友解开了绳，拿起竹竿一拨，船缓缓地动了，向河中心流去。

① 陆地-继续 ② 陆陆-急躁 ③ 先后-缓慢 ④ 持续-急忙

문제 5. 我有机会看清它的真面目，真是一棵大树，枝干的数目不可计数。

① 不可了解 ② 不可多得 ③ 不可胜数 ④ 不可战胜

학습 마무리

본 과에서 학습한 내용을 정리해 봅시다.

본문은 작가가 저녁 무렵 뱃놀이를 하다 처음으로 새들의 천국을 지나치게 되었고, 그곳에서 보고 느꼈던 인상을 서술하고 있습니다.
먼저 친구들과 배를 저어 강으로 나아가는 장면을 볼 수 있고, 다음에 강기슭에서 본 용수나무를 이야기하고 있는데, 이것이 바로 첫 번째 새의 천국을 방문한 것입니다. 그런데, 새들의 천국에서 작가는 한마리의 새도 발견하지 못했었지요. 남방에서 많이 볼수 있는 용수나무는 성장이 너무 왕성하여 수많은 뿌리가 가지 끝에서 나와서 아래로 늘어져 이파리와 같이 섞이기도 하고 땅속에 들어가 다시 줄기를 내기도 합니다.
용수나무의 가지·잎·줄기·뿌리의 형태에 대한 묘사와 그 표현들을 각자 정리합시다. 우리는 용수나무의 이런 여건들이 새들이 서식할 수 있는 조건과 밀접한 관계가 있을 것이라고 생각해 볼 수 있습니다.

06

鸟的天堂(2)

학습포인트

1. 두 번째 새들의 천국에 대한 묘사
2. 자연경물에 대한 동태적 표현 학습

본문 읽기 (1)

원어민의 음성을 듣고 문장의 억양을 살려서 소리내어 읽어 봅시다.

船在树下泊了片刻。岸上很湿，我们没有上去。朋友说这里是“鸟的天堂”，有许多鸟在这树上做巢，农民不许人去捉它们。我仿佛听见几只鸟扑翅的声音，等我注意去看，却不见一只鸟的影儿。只有无数的树根立在地上，像许多根木桩。土地是湿的，大概涨潮的时候河水会冲上岸去。鸟的天堂里没有一只鸟，我不禁这样想。于是船开了。一个朋友拨着桨，船缓缓地移向河中心。

第二天，我们划着船到一个朋友的家乡去。那是个有山有塔的地方。从学校出发，我们又经过那“鸟的天堂”。

단어장

泊	bó	动	배가 정박하다	유 停泊
片刻	piànkè	名	잠깐, 잠시	동 片时, 暂时
捉	zhuō	动	포획하다	동 捕获
扑	pū	动	(날개를)치다, 푸드덕거리다	
涨潮	zhǎngcháo	动	만조가 되다	
不禁	bùjīn	副	견디지 못하다, 금하지 못하다, 자기도 모르게	
拨	bō	动	(손이나 막대기 등을) 옆으로 밀어서 (물건을) 옮기다.	

독해 연습 (1)

1

船在树下泊了片刻。岸上很湿，我们没有上去。朋友说这里是“鸟的天堂”，有许多鸟在这树上做巢，农民不许人去捉它们。

배는 나무 아래에서 잠시 정박하였다. 강기슭은 질퍽해서 우리는 올라가지 않았다. 친구는 이곳이 “새의 천국”이며, 많은 새들이 이 나무 위에 둥지를 틀고 농민들은 사람들이 그것들을 포획하지 못하도록 하였다고 말하였다.

A: 船在树下泊了片刻。

- 片刻 :

'짧은 시간 동안'을 나타내는 명사이며, 주로 문미에 온다.

'暂时'는 동사 앞에 온다.

例 1. 他迟疑了片刻，慢声地开口。

2. 他暂时不能上班。

2

我仿佛听见几只鸟扑翅的声音，等我注意去看，却不见一只鸟的影儿。只有无数的树根立在地上，像许多根木桩。

나는 몇 마리의 새가 날개를 푸드덕거리는 소리를 들은 것 같아서 조심스레 가서 보니 새는 그림자 하나도 보이지 않았다. 단지 수없이 많은 나무 뿌리만이 땅 위로 뻗어나서 마치 수많은 나무 기둥 같았다.

A: 等

- '~할 때가 되어서'라는 의미며 해석하지 않는다.

例 这个问题暂时保留，等老板回国时再商量吧。

B: 却

- '도리어, 오히려'라는 역접의 의미로, 倒나 可보다 어감이 약하다. 앞에

는 但이나 虽然을, 뒤에는 偏偏, 反而을 수반할 수 있다.

例 1. 不叫他说，他却偏偏要说。

2. 老张住的最远，却反而先到了。

3

土地是湿的，大概涨潮的时候河水会冲上岸去。鸟的天堂里没有一只鸟，我不禁这样想。于是船开了。一个朋友拨着桨，船缓缓地移向河中心。

땅은 젖어 있었는데 아마도 만조 때 물이 강기슭으로 치솟아 올라왔을 것이다. 새의 천국에 한 마리의 새도 없다니, 나는 이렇게 생각하지 않을 수 없었다. 그리하여 배가 출발하였다. 한 친구가 노를 젓고, 배는 천천히 강 중심으로 이동하였다.

A: 大概涨潮的时候河水会冲上岸去

• 大概 :

1. 수량이나 시간 등에 대한 대략적인 짐작을 나타낸다.

例 学校大概有两千个学生。

2. 상황에 대한 추측을 나타낸다.

例 还有五分钟就要开会了，他大概会迟到的。

B: 移向河中心

• 向은 移의 결과보어다. (向河中心流动)

来自　走向　开向

例 1. 我来自中国。

2. 我们走向美好的明天。

4

第二天，我们划着船到一个朋友的家乡去。那是个有山有塔的地方。从学校出发，我们又经过那"鸟的天堂"。

이튿날, 우리는 배를 저어 한 친구의 고향으로 갔다. 그곳은 산이 있고 탑이 있는 곳이었다. 학교에서 출발하여 우리는 또 그 "새의 천국"을 지나갔다.

A: 从学校出发, 我们又经过那"鸟的天堂

• 从은 출발점을 나타내는 개사이다.

例 1. 邮局从这儿往南去。

2. 从小孩到大人都参加了植树活动。

*전치사 从~ 과 离~의 사용상 구분

1. 市政府从这儿往前走就是了。(시청은 여기에서 앞으로 가면 된다.)

2. 市政府离这儿大概有一百米远。(시청은 여기에서 100m정도 거리이다.)

• 经过, 거치다, 통과하다,

经过+ 장소명사, 혹은 从+ 장소명사 +经过로 사용한다.

例 1. 本次列车经过郑州的时间十六点零五分。

2. 公共汽车经过本站的时间是五分整。

• 经过, 通过 뒤에 동사나 명사구를 수반하여 독립절을 만들 수 있다.

例 经过(=通过) 严格的考试, 他被批准为主任研究员。

본문 읽기 (2)

원어민의 음성을 듣고 문장의 억양을 살려서 소리내어 읽어 봅시다.

这一次是在早晨。阳光照耀在水面, 在树梢, 一切都显得非常明亮了。我们又把船在树下泊了片刻。

起初周围是静寂的。后来忽然起了一声鸟叫。我们把手一拍, 便看见一只大鸟飞了起来。接着又看见第二只, 第三只。我们继续拍掌, 树上就变得热闹了, 到处都是鸟声, 到处都是鸟影。大的, 小的, 花的, 黑的, 有的站在树枝上叫, 有的飞起来, 有的在扑翅膀。我注意地看着, 眼睛应接不暇, 看清楚了这只, 又错过了那只, 看见了那只, 另一只又起来了。一只画眉鸟飞了出来, 被我们的掌声一吓, 又飞进了叶丛, 站在一根小枝上兴奋地叫着, 那歌声真好听。

当小船向着高塔下面的乡村划去的时候, 我回头看那被抛在后面的茂盛的榕树。我感到一点儿留恋的心情。昨天是我的眼睛骗了我。那"鸟的天堂"的确是鸟的天堂啊!

1933年6月在广州

단어장

树梢(儿)	shùshāo(r)	名	나무꼭대기, 나무 끝	
显得	xiǎnde	动	……인 것처럼 보이다	
明亮	míngliàng	形	밝다, 환하다	
静寂	jìngjì	形	고요하다	
拍手	pāishǒu	动	박수치다	동 拍掌, 鼓掌
应接不暇	yìngjiēbùxiá	成	좋은 경치가 많아서 눈을 떼지 못하다	
画眉鸟	huàméiniǎo	名	화미조, 나이팅게일, 두루미과의 새로 머리가 감람색이고 나머지 부분은 적갈색인 새로 우는 소리가 곱다.	
乡村	xiāngcūn	名	시골, 촌	유 乡间 반 城市
留恋	liúliàn	动	떠나기를 서운해하다	동 恋恋不舍

독해 연습 (2)

1

这一次是在早晨。阳光照耀在水面, 在树梢, 一切都显得非常明亮。我们又把船在树下泊了片刻。起初周围是静寂的。后来忽然起了一声鸟叫。

이번 일은 이른 아침에 있었다. 햇빛은 수면에도 나뭇가지 끝에도 눈부시게 비추이니, 모든 것이 대단히 맑고 환하게 드러났다. 우리는 또 배를 나무 아래에 잠시 정박시켰다. 처음에는 주위가 조용했었다. 나중에 갑자기 새가 지저귀는 소리가 났다.

A: 一切都显得非常明亮了

• 一切 :

형용사와 명사로 쓰이고, 수사성 명사인 경우 '的'를 수반하지 않는다. 所有는 '的'를 수반할 수도 있고, 수반하지 않을 수도 있다.

所有（的）问题　　一切问题

例 1. 这里一切都好，请你放心。
2. 他来以后，所有的问题却得到了解决。

• 显得 :

'(어떠한 상황이)드러나다, ~인 것처럼 보이다'

例 他今天穿了西装，显得更精神了。

B: 起初 ~, 后来 ~

起初는 '최초에, 처음' 을 의미하고, 后来는 '그 후에, 한참 후에'의 의미이다. 이들은 미래시간에는 사용하지 않는다.

例 他起初不肯，后来才答应了。

2

我们把手一拍，便看见一只大鸟飞了起来。接着又看见第二只，第三只。我们继续拍掌，树上就变得热闹了，到处都是鸟声，到处都是鸟影。大的，小的，花的，黑的，有的站在树枝上叫，有的飞起来，有的在扑翅膀。

우리가 박수를 한 번 치자 큰 새가 날아 오르는 것이 보였다. 연이어 또 두 번째, 세 번째 새가 보였다. 우리가 계속해서 박수를 치니까 나무 위는 시끌벅쩍하게 변했는데, 사방이 다 새 소리요 어디나 다 새의 모습이었다. 큰 것, 작은 것, 알록달록한 것, 까만 것, 어떤 것은 나무 가지 위에 앉아 지저귀고 어떤 것은 날아오르기도 하고, 또 어떤 것은 날개를 푸드덕거리고 있었다.

A: **便** : 글말로서 현대문에 두루 쓰이며 입말의 '就'에 해당한다.

앞의 조건이나 상황 아래에서 자연히 어떠하다는 것을 나타낸다.

'동사+便+동사', '동사+便+형용사'의 형태로 쓰이고 문장과 문장을 연결하는 접속사 역할을 한다.

例 1. 说完便走。

2. 再加一点便满了。

3

我注意地看着，眼睛应接不暇，看清楚了这只，又错过了那只，看见了那只，另一只又起来了。一只画眉鸟飞了出来，被我们的掌声一吓，又飞进了叶丛，站在一根小枝上兴奋地叫着，那歌声真好听。

나는 주의 깊게 바라보며 눈을 떼지 못하고 이 놈을 잘 보고 있노라면 또 저 놈을 놓쳐버리고, 저 놈이 보이면 다른 놈이 또 날아올랐다. 화미조(나이팅게일) 한 마리가 날아 나오다가 우리의 박수 소리에 놀라 다시 나뭇잎 더미 속으로 날아 들어가더니, 작은 나무 가지 위에 앉아 흥분하듯 지저귀었는데 그 노랫소리는 정말로 듣기 좋았다.

A: **眼睛应接不暇**

- 应接不暇 (좋은 경치가 많아)눈이 쉴 틈이 없다, 접대하느라 바쁘다.

例 顾客很多，售货员应接不暇。

B: 被我们的掌声一吓

- 被의 용법 : '~에 의해 ~되다', 「O(객체) + 被 + S(주체) + V」의 구조로 피동의 의미를 나타낸다. 단, 주체를 말할 필요가 없거나 주체가 일반적인 사람들일 경우, 被와 동사를 직접 연결시킨다.

例 1. 这本书昨天被借走了。

2. 那只老鼠不会被猫儿抓住。

4

当小船向着高塔下面的乡村划去的时候, 我回头看那被抛在后面的茂盛的榕树。我感到一点儿留恋的心情。昨天是我的眼睛骗了我。那"鸟的天堂"的确是鸟的天堂啊!

1933年 6月 在广州

작은 배가 탑 아래의 마을을 향하여 저어갈 때 나는 고개를 뒤로 돌려 내버려진 무성한 용수나무를 보았다. 나는 떠나기 아쉬운 마음이 조금 들었다. 어제는 내 눈이 나를 속였던 것이다. 그 "새의 천국" 은 분명 새의 천국이다!

1933년 6월 광주에서

A: 回头 : '고개를 돌리다, 뒤돌아 보다 回头(huítóu)', '잠시 후에, 이따가 回头(huítou)'동사로 쓰일 때에는 대개 儿을 붙인다.

例 1. 我听见后面有人叫我, 回头一看, 是小李跑来了。

2. 你先吃饭, 回头再谈。

B: 留恋과 流连 : '떠나기를 서운해하다'

留恋은 입말과 글말에 모두 쓰이며, 流连은 글말로만 쓴다.

例 留恋不舍　　流连不舍

参加工作以后, 我却留恋起学校生活来了。

C: 的确 : '확실히, 참으로', '的' (dí)의 발음 주의

1. 동사와 형용사 앞에 쓰인다.

例 他的确是有能力的。

2. 문장 맨 앞에 나와 어기를 강조.

例 的确，他就是这样一个坚强的人。

3. 중첩.

例 这个城市的的确确变化很大。

연습하기

읽기 연습

다음의 문장을 유창하게 읽을 수 있도록 반복 연습하기 바랍니다.

1. 这一次是在早晨。阳光照耀在水面, 在树梢, 一切都显得非常明亮了。

2. 我注意地看着, 眼睛应接不暇, 看清楚了这只, 又错过了那只, 看见了那只, 另一只又起来了。

3. 当小船向着高塔下面的乡村划去的时候, 我回头看那被抛在后面的茂盛的榕树。

4. 昨天是我的眼睛骗了我。那 "鸟的天堂" 的确是鸟的天堂啊 !

번역연습

다음 문장을 한국어로 번역해 봅시다.

1. 只有无数的树根立在地上, 像许多根木桩。土地是湿的, 大概涨潮的时候河水会冲上岸去。

   번역 : (   )

2. 阳光照耀在水面, 在树梢, 一切都显得非常明亮了。我们又把船在树下泊了片刻。

   번역 : (   )

3. 我们继续拍掌, 树上就变得热闹了, 到处都是鸟声, 到处都是鸟影。

번역 : (　　　　　　　　　　　　　　　　　　　　　　　　　　　　)

4. 一只画眉鸟飞了出来, 被我们的掌声一吓, 又飞进了叶丛, 站在一根小枝上兴奋地叫着, 那歌声真好听。

번역 : (　　　　　　　　　　　　　　　　　　　　　　　　　　　　)

심화연습

본문을 듣고 내용에 근거해서 원어민의 질문에 중국어로 답해봅시다.

녹음을 잘 들어 보세요

문제 1.

정답 : (　　　　　　　　　　　　　　　　　　　　　　　　　　　　)

문제 2.

정답 : (　　　　　　　　　　　　　　　　　　　　　　　　　　　　)

문제 3.

정답 : (　　　　　　　　　　　　　　　　　　　　　　　　　　　　)

아래 밑줄 친 낱말과 같은 의미의 것을 고르시오.

문제 4. 鸟的天堂里没有一只鸟, 我<u>不禁</u>这样想。

① 禁止　② 不觉　③ 当然　④ 不定

문제 5. 我感到一点儿<u>留恋</u>的心情。

① 留传　② 留别　③ 恋恋不舍　④ 留情

학습 마무리

1. 본 과에서 학습한 내용정리

작가가 두 번째 새들의 천국에 가서 새들이 생활하는 아름다운 환경을 묘사하고, 그 곳에 대한 작가의 깊은 찬미와 떠나오는 아쉬움을 술회하고 있습니다.
특히 이번 내용의 특징은 동태적 묘사를 주로 사용하고 있다는 점입니다. 예를 들면, 새의 모양, 새의 소리, 새들의 색깔, 새의 종류, 새들의 동작 등 다양한 구절들을 대비시키면서 온갖 새들이 시끌벅적하게 움직이는 형상을 잘 나타내었습니다.
이번 시간에 학습한 내용을 통해 자연의 동태적 표현 형태를 잘 기억하고, 자연경물을 감상하고 자신의 마음을 어떻게 표현할 수 있는지를 이해해야 할 것입니다.

2. 작품의 대강:

본 작품은 전체 4단락으로 나누어 살펴볼 수 있습니다.
첫 번째는 작가와 친구들이 뱃놀이를 가는 장면
두 번째는 그들이 처음 새들의 천국을 지날 때 보았던 경치
세 번째는 작가와 친구들이 다음날 두 번째 새들의 천국을 지날 때에 보았던 상황
네 번째는 새들의 천국에 대한 작가의 아쉬움과 찬미로 전개되고 있습니다.

작가는 두 번 지나쳤던 새의 천국에 대해, 서로 다른 자연경물 즉, 용수나무에 대한 정태적인 묘사와 새들에 대한 동태적인 묘사를 대비시켜 새의 천국을 신비하고 아름다운 곳으로 형상화하였습니다.

3. 작품의 주제

讴歌自然景物的景色和‘鸟的天堂’的神奇美景

<남방의 용수나무>

MEMO

07

乌篷船 (1)

들어가면서…

주작인(周作人)의 〈乌篷船〉은 중국에서 수향이라 불리는 절강성 소흥의 한 풍물인 오봉선을 소개한 산문인데, 작가의 고향에서는 대중교통수단으로 이용되는 이 오봉선의 형태와 종류와 구조를 소개하고, 오봉선에 대해 갖는 특별한 애정을 맛깔스럽게 잘 표현하고 있는 작품입니다.

본 작품은 서신의 형식으로서, 친구에게 오봉선과 고향의 풍물민속을 소개한 서간체 산문이므로, 처음부터 끝까지 소박하고 자상한 어투로 서술하고 있습니다.

학습포인트

1. '乌篷船'의 용도, 종류, 형태와 구조 이해
2. 사물의 특징 묘사하기
3. 도량형 표현연습

周作人 (1885~1967)

작가소개 …

현대 산문가와 시인인 동시에 문학 번역가이기도 하다. 본명은 책수(櫆壽), 字는 성표(星杓), 후에 규완(奎綬)으로 개명하였다. 필명은 중밀(仲密), 약당(藥堂), 주하수(周遐壽), 자영(子荣) 등이다. 절강성 소흥(紹興) 사람으로 노신의 동생이다.

1906년 형 노신을 따라 일본에서 유학하여 서양문학을 전공했고 노신과 함께 외국문학번역집인 ≪역외소설집(域外小说集)≫을 출판했다. 1917년부터 북경대학 교수로 재직하며, 신문학운동 초기에 ≪인적문학(人的文学)≫, ≪평민문학(平民文学)≫, ≪사상혁명(思想革命)≫ 등 문예이론과 문학비평으로 중국문단에서 크게 주목을 받았다. 5·4운동시기에 ≪신청년(新青年)≫의 편집을 하였고 1920년에는 중국 최초의 문학사단인 '문학 연구회'의 발기인으로 참여하였다.

5·4운동 이후, 노신과 함께 ≪어사(語絲)≫라는 周刊문예지를 발행하며 대량의 산문을 써서 소품문 운동을 전개하였다. 그 풍격은 품위 있고 안정적이며 문장은 의미심장하다. 그의 영향 아래, 20년대에는 유평백(俞平伯)과 폐명(廢名)등이 포함된 산문창작 유파가 결성되었으며, 아영(阿英)은 그들을 "아주 권위 있는 유파(很有权威的流派)" 라고 하였다. 후에 북경대학 총장까지 역임하지만, 1945년에 반역죄로 투옥되었다가 출옥한 뒤, 북경에 정착하면서 인민문학출판사(人民文学出版社)에서 일본과 그리스 문학을 번역하고 노신의 작품을 회상하는 내용의 작품 등을 썼다.

주요 저작으로는 산문집 ≪雨天的书≫, 문학사료집 ≪鲁迅的故家≫, ≪鲁迅小说里的人物≫과 회상록 ≪지당회상록(知堂回想錄)≫이 있다.

본문 읽기 (1)

원어민의 음성을 듣고 문장의 억양을 살려서 소리내어 읽어 봅시다.

子荣君：

接到手书，知道你要到我的故乡去，叫我给你一点什么指导。老实说，我的故乡，真正觉得可怀恋的地方，并不是那里；但是因为在那里生长，住过十多年，究竟知道一点情形，所以写这一封信告诉你。

我所要告诉你的，并不是那里的风土人情，那是写不尽的，但是你到那里一看也就会明白的，不必罗唆地多讲。我要说的是一种很有趣的东西，这便是船。你在家乡平常总坐人力车，电车，或是汽车，但在我的故乡那里这些都没有，除了在城内或山上是用轿子以外，普通代步都是用船。船有两种，普通坐的都是"乌篷船"，白篷的大抵作航船用，坐夜航船到西陵去也有特别的风趣，但是你总不便坐，所以我就可以不说了。乌篷船大的为"四明瓦"(Symenngoa)，小的为脚划船(划读uoa) 亦称小船。但是最适用的还是在这中间的"三道"，亦即三明瓦。篷是半圆形的，用竹片编成，中夹竹箬，上涂黑油，在两扇"定篷"之间放着一扇遮阳，也是半圆的，木作格子，嵌着一片片的小鱼鳞，径约一寸，颇有点透明，略似玻璃而坚韧耐用，这就称为明瓦。

단어장

手书	shǒushū	名 친필로 쓴 편지
怀恋	huáiliàn	动 그리워하다 　유 想念
风土人情	fēngtǔrénqíng	成 어떤 지역의 기후, 지세, 예절, 풍토와 인정
罗唆	luósuō	形 말이 많다, 수다스럽다 　동 啰嗦 　반 沉默
轿子	jiàozi	名 (옛날에 주로 쓰인 의자 형식으로 된) 가마

代步	dàibù	名	(말. 자동차 따위의) 탈 것	
大抵	dàdǐ	副	대개, 대략	동 大概, 大约
航船	hángchuán	名	정기선	
西陵	Xīlíng	名	서릉, 호북성(湖北省)에 위치함	
风趣	fēngqù	名	(말, 문장의) 재미, 유머	유 幽默
为	wéi	动	~이 되다	
亦即	yìjí	连	즉, 다시 말하자면	동 即
竹箬	zhúruò	名	대나무 막대기	
遮阳	zhēyáng	名	차양	
嵌	qiàn	动	끼워넣다, 박아 넣다	
坚韧	jiānrèn	形	견고하여 절단되지 않는다	유 牢固, 坚实
耐用	nàiyòng	形	질기다, 오래가다	동 结实
颇	pō	副	상당히, 제법	동 很, 相当

독해 연습 (1)

1

子荣君：

接到手书, 知道你要到我的故乡去, 叫我给你一点什么指导。老实说, 我的故乡, 真正觉得可怀恋的地方, 并不是那里；但是因为在那里生长, 住过十多年, 究竟知道一点情形, 所以写这一封信告诉你。

스롱 군에게

당신이 손수 쓴 편지를 받고 당신이 제 고향으로 가려는 것을 알게 되어 당신께 뭘 좀 가르쳐 드리려고 합니다. 솔직히 말하면, 제 고향, 제가 진정으로 그리워할 만하다고 생각하는 곳은 결코 그곳이 아닙니다. 하지만 그곳에서 성장하였고 십여 년을 살아서 어쨌든 사정을 조금 알고 있기에 이 편지를 써서 당신께 알려드리겠습니다.

A: **子荣**

- 周作人의 필명

B: **叫我给你一点什么指导**

- 叫我给你 : 겸양의 의미로 사용된 표현
- 一点什么指导 : 一点什么는 '뭔가 좀'으로 해석될 수 있고, 什么는 불특정한 대상을 가리킨다.

C: **真正觉得可怀恋的地方**

- 可 : 可以, 值得의 의미이다.

D: **究竟**

- 한층 더 추궁하거나 따질 때 '도대체'라는 의미의 부사이다.
  주로 글말로 쓰이는데, 입말에서는 到底를 많이 쓴다.

例 1. 问题究竟在哪里呢？
2. 究竟你去还是他去？

- "吗"를 수반하는 의문문에서는 究竟을 사용하지 않는다.
- '결국은, 끝내'라는 뜻으로, 평가를 내린다는 의미를 내포한다.
  동사와 형용사 앞에 오며 '是' 자문에서 사물의 특성을 강조하는데 쓰이고, 毕竟으로 바꾸어 쓸 수 있다.

例 1. 每个国家的首都在面积、文化、和经济发展等方面究竟不一样。
2. 他究竟是个电脑专家，任何棘手的问题都能解决。

- 명사로서 '결과, 종국'의 의미로 쓴다.

例 他们都想知道个究竟。

2

我所要告诉你的，并不是那里的风土人情，那是写不尽的，但是你到那里一看也就会明白的，不必罗唆地多讲。我要说的是一种很有趣的东西，这便是船。你在家乡平常总坐人力车，电车，或是汽车，但在我的故乡那里这些都没有，除了在城内或山上是用轿子以外，普通代步都是用船。

제가 당신에게 알려주려고 하는 것은, 결코 그 곳의 풍토와 인정이 아니며, 그것은 다 쓸 수도 없습니다. 그러나 당신은 그 곳에 가서 한 눈에 곧 알게 될 것이기 때문에 복잡하게 말할 필요가 없겠지요. 제가 말하려고 하는 것은 아주 흥미로운 것인데, 이것은 바로 배입니다. 당신은 고향에서 평소에 인력거나 전차 또는 자동차를 타겠지만, 제 고향에는 이러한 것들은 없고 성 안이나 산에서 가마를 이용하는 일을 제하고는 일반적인 교통수단은 모두 배를 이용합니다.

A: 并不是那里的风土人情，那是写不尽的

- 并不，并非 '결코 ~ 아니다.'

例 问题并不那么简单。

- 写不尽 '다 쓸 수 없다.'

例 父母的恩惠多么伟大，说也说不尽。

B: 除了在城内或山上是用轿子以外

- 除了 A~ 以外，~都：A를 제하고는 (나머지는, 기타는)

例 除了小金知道以外，别人都知道了。

- 除了 A~ 以外，~还有(혹은 ~也)：A외에 (또, 그밖에도)

例 这件事除了小金以外，我也知道。

C: 普通代步都是用船

- 代步：걸음을 대신하다. 전용하여 '말, 자동차 등 탈 것'을 나타낸다.

3

船有两种, 普通坐的都是"乌篷船", 白篷的大抵作航船用, 坐夜航船到西陵去也有特别的风趣, 但是你总不便坐, 所以我就可以不说了。乌篷船大的为"四明瓦" (Symenngoa), 小的为脚划船 (划读uoa) 亦称小船。但是最适用的还是在这中间的"三道", 亦即三明瓦。

배는 두 종류인데, 일반적으로 타는 것이 "우펑추완(乌篷船)"이고, 흰 뜸은 대개 정기선으로 쓰이며, 야항선(夜航船)을 타고 시링(西陵)에가는 것은 또 특별한 재미가 있지만 당신이 아무래도 타기 불편하면 저도 더 이상 말을 하지 않을 수 있습니다. "우펑추완"의 큰 것은 "쓰밍와(四明瓦)"이고, 작은 것은 "지야오화추완(脚划船)"이며 또 작은 배라고도 합니다. 그러나 가장 적당한 것은 아무래도 이들 중간에 있는 "산따오(三道)", 즉 산밍와(三明瓦)입니다.

A: 普通坐的

- 普通 : 一般, 平常의 의미이다.

B: 乌篷船

乌篷船은 수항(水乡) 소흥(绍兴)의 독특한 교통수단으로 띠나 대나무를 엮어 비나 바람을 막게 만든 뜸 위에 콜타르 같은 검은 기름을 발라 비에 잘 견디도록 만든데서 얻어진 이름이다. 오봉선은 크기가 작고 배 밑이 나무판으로 만들어지지만 물이 새더라도 선실에는 물이 들어오지 않는다. 선실에 마련된 자리에 앉거나 누워도 되지만, 배의 높이가 낮기 때문에 똑바로 서면 균형을 잃어 배가 뒤집힐 수도 있다. 뱃사공은 배 뒤의 끝자락에 앉아서 손을 겨드랑이에 끼어 노를 잡고 두 발은 노 위에 올려 다리를 오므리고 펴는 것을 반복하여 물살을 가르고 앞으로 나아가는데 시속 10km 이상에 이른다.

C: 大抵 (=大约, 大概)

- 大约의 의미

1. 예측한 숫자가 정확치 않음을 나타내며, 문장 내에 숫자가 포함된다.

例 这间房子大约有15个平方。

2. 커다란 가능성을 나타낸다.

例 这个工程大约7月能完工。

- 大概의 의미

1. (名) 대체적인 내용이나 상황

例 他准备了解一下大概的情况。

2. (属性词) 아주 정확하거나 상세하지는 않은 것을 나타낸다.

例 对于篇章结构我只能做个大概的分析。

3. (副) 커다란 가능성을 나나낸나.

例 这件事情大概很难做。

D: 所以我就可以不说了。

- 可以不说 : 주관적으로 어떤 일을 말하지 않을 수 있음을 나타낸다.

例 1. 可以不必去坐。

2. 若有急事, 你可以不上班。

*不可以说와 구별

E: 为

- 是로 바꿀 수 있으며, "~은 ~이다"로 해석된다.

例 无穷花, 既为国花。

F: 亦

- 문언문에 상용되는 부사, '也'의 의미다.

例 茶即可饮用亦可药用。

4

篷是半圆形的，用竹片编成，中夹竹箬，上涂黑油，在两扇“定篷”之间放着一扇遮阳，也是半圆的，木作格子，嵌着一片片的小鱼鳞，径约一寸，颇有点透明，略似玻璃而坚韧耐用，这就称为明瓦。

뜸은 반원형이며, 얇고 평평한 대나무 조각으로 엮여서 가운데에 대껍질이 끼워져 있고, 위에는 콜타르 같은 검은 기름이 발라져 있는데, 양쪽의 "고정된 뜸" 사이에는 차양이 놓여져 있고, 그 또한 반원형입니다. 나무로 된 격자는 조각 조각의 고기 비늘 모양으로 새겨져 있으며, 직경이 약 한 치 정도 되고, 꽤 투명하여서 유리와 비슷하지만 강인한 내구성이 있는데, 이를 밍와(明瓦)라고 부릅니다.

A: 扇

- 반원형의 대나무로 뜸을 엮은 양사

B: 木作格子

- 나무에 격자무늬를 상감한 것

C: 径约一寸

- 一寸은 3⅓cm에 해당하며, 1인치로 쓰기도 한다.
  길이단위 ; 一寸: 3⅓cm　一尺: ⅓m　一丈: 3⅓m

본문 읽기 (2)

원어민의 음성을 듣고 문장의 억양을 살려서 소리내어 읽어 봅시다.

三明瓦者, 谓其中舱有两道, 后舱有一道明瓦也。船尾用橹, 大抵两支, 船首有竹篙, 用以定船。船头着眉目, 状如老虎, 但似在微笑, 颇滑稽而不可怕, 唯白篷船则无之。三道船篷之高大约可以使你直立, 舱宽可以放下一顶方桌, 四个人坐着打马将, ─ 这个恐怕你也已学会了罢？

小船则真是一叶扁舟, 你坐在船底席上, 篷顶离你的头有两三寸, 你的两手可以搁在左右的舷上, 还把手都露出在外边。在这种船里仿佛是在水面上坐, 靠近田岸去时泥土便和你的眼鼻接近, 而且遇着风浪, 或是坐得少不小心, 就会船底朝天, 发生危险, 但是也颇有趣味, 是水乡的一种特色。不过你总可以不必去坐, 最好还是坐那三道船罢。

단어장

舱	cāng	名 선실. 객실	
橹	lǔ	名 (배의) 노	
竹篙	zhúgāo	名 대나무 상앗대	
滑稽	huájī	形 익살스럽다	유 幽默, 诙谐
方桌	fāng zhuō	名 네모난 탁자	
一叶扁舟	yīyèpiānzhōu	名 일엽편주	
搁	gē	动 놓다, 걸치다	
舷	xián	名 배의 가장자리, 뱃전	
田岸	tián'àn	名 논두렁	
少不小心	shāobùxiǎoxīn	成 조금만 조심하지 않으면	
船底朝天	chuándǐcháotiān	成 배 밑바닥이 하늘을 향하다. 배가 뒤집히다	

독해 연습 (2)

1

三明瓦者, 谓其中舱有两道, 后舱有一道明瓦也。船尾用橹, 大抵两支, 船首有竹篙, 用以定船。船头着眉目, 状如老虎, 但似在微笑, 颇滑稽而不可怕, 唯白篷船则无之。

산밍와(三明瓦)라는 것은 중간 선실에 두 개, 뒷편 선실에 한 개의 밍와가 있는 것을 말합니다. 배 끝은 대개 두 개의 노를 사용하고, 배 앞은 대나무 막대기가있어 배를 고정시키는데 쓰입니다. 뱃머리는 눈썹과 눈을 붙여서 모습이 호랑이 같지만, 마치 웃고 있는 것 같아서 상당히 우스꽝스러우면서 무섭지 않은데, 다만 흰 뜸의 배는 이것이 없습니다.

A: 者와 也

- 者 : '~란, ~라는 것은' 낱말이나 구 뒤에 쓰여 어감상의 정지를 나타낸다.
- 也 : 문장 끝에 쓰여 판단 긍정의 어기를 표시한다.

例 1. 仁者, 天下之表也。(≪礼记≫)
2. 大人者, 不失其赤子之心者也。(≪孟子≫)

B: 一道明瓦

- 一道 : 문이나 담 등의 가로막는 사물의 양사, 明瓦의 양사
- 明瓦 : 조개 껍질을 갈아서 반투명으로 만들고 대 같은 데다 끼워서 유리창용으로 쓰거나, 차양으로도 쓴다.

C: 用以定船

- 用以 , '~하는데 쓰이다.'
  用은 拿, 当作와 같은 의미이다.

例 这个标志用以表示"禁止左转"。

D: 着眉目 着(zhuó)의 발음 주의

눈썹과 눈을 달다.

E: 唯白篷船则无之

- 无 : '없다', 没有의 뜻이다.

例 大家都有书, 唯独她无。

- 之의 용법
  1. 사람이나 사물을 가리키며, 这个、那个、他、她、它、他们의 의미이다.

例 得天下英才而教育之, 三乐也。(≪孟子≫)

  2. 수식어와 피수식어 사이에 놓여 '的'와 같은 의미를 갖는다.

例 原因之一　必经之路

  3. 동사로서 到~去의 의미

例 某某人之市

2

三道船篷之高大约可以使你直立, 舱宽可以放下一顶方桌, 四个人坐着打马将, —这个恐怕你也已学会了罢？

산따오추완의 뜸의 높이는 대략 당신이 똑바로 선 키만하고, 선실의 폭은 네모난 테이블 하나를 놓고 네 사람이 앉아 마작을 할 수 있는데, 이것은 아마 당신도 이미 할 수 있을 테지요?

A: 篷之高大约可以使你直立

- 뜸의 높이가 똑바로 서서 머리가 닿지 않을 정도이다.

例 这张桌子宽度大约可以挺你的两手。

B: 这个恐怕你也已学会了罢？

- 恐怕 : 可能, 大概, 也许의 의미, 그러나 소극적인 추측을 나타낼 때 쓴다.

例 1. 今天的晚会他可能参加。

2. 今天的晚会他恐怕晚一点儿到。

- 罢 : 확인투의 의문형, 了가 들어가서 확인의 어기가 강화됨.

3

小船则真是一叶扁舟，你坐在船底席上，篷顶离你的头有两三寸，你的两手可以搁在左右的舷上，还把手都露出在外边。

작은 배란 그야말로 작은 일엽편주인데, 당신이 배의 바닥자리에 앉으면, 뜸의 꼭대기가 당신의 머리에서 두세 치 거리 정도가 되고, 당신의 두 손은 양 쪽의 배 가장자리에 놓을 수 있고 또 손을 밖으로 내놓을 수도 있습니다.

A: 小船则真是一叶扁舟

- 叶 : 작은 배를 세는 양사
- 扁舟: 작은 배

B: 离你的头有两三寸

- 离 : 거리를 나타내며 머리에서(떨어진 거리가) 2, 3인치 가량 된다.
- 有 : '~가량 , ~만큼' 어림수를 나타낸다.

4

在这种船里仿佛是在水面上坐，靠近田岸去时泥土便和你的眼鼻接近，而且遇着风浪，或是坐得少不小心，就会船底朝天，发生危险，但是也颇有趣味，是水乡的一种特色。不过你总可以不必去坐，最好还是坐那三道船罢。

이런 배 안에 있으면 마치 물 위에 앉아 있는 것 같고, 논두렁에 가까워질 때에는 진흙이 당신의 눈과 코에 가까워지고 게다가 풍랑을 만나거나 조금만 조심해서 앉지 않으면, 곧 배 밑이 하늘을 향하고(뒤집히고) 위험한 상황이 발생할 수가 있지만, 이 또한 상당히 흥미가 있으니, 수향(**水乡**)의 한 특색인 것이지요. 그런데 당신은 꼭 타지 않아도 되지만, 그래도 제일 좋은 것은 그 산따오추완을 타는 것이겠지요.

A: 坐得少不小心

- '약간 부주의하면'
  少 : 稍、稍微의 의미이다.

B: 就会船底朝天

- 朝 : '~을 향하다. 배가 뒤집히다.'

연습하기

읽기연습

녹음을 들으며 다음의 문장을 유창하게 읽을 수 있도록 반복 연습해 봅시다.

1. 老实说, 我的故乡, 真正觉得可怀恋的地方, 并不是那里；但是因为在那里生长, 住过十多年, 究竟知道一点情形, 所以写这一封信告诉你。

2. 篷是半圆形的, 用竹片编成, 中夹竹箬, 上涂黑油, 在两扇"定篷"之间放着一扇遮阳, 也是半圆的, 木作格子, 嵌着一片片的小鱼鳞, 径约一寸, 颇有点透明, 略似玻璃而坚韧耐用, 这就称为明瓦。

3. 船有两种, 普通坐的都是"乌篷船", 白篷的大抵作航船用, 坐夜航船到西陵去也有特别的风趣, 但是你总不便坐, 所以我就可以不说了。

4. 在这种船里仿佛是在水面上坐, 靠近田岸去时泥土便和你的眼鼻接近, 而且遇着风浪, 或是坐得少不小心, 就会船底朝天, 发生危险, 但是也颇有趣味, 是水乡的一种特色。

번역연습

다음 문장을 한국어로 번역해 봅시다.

1. 接到手书, 知道你要到我的故乡去, 叫我给你一点什么指导。
   번역 : (   )

2. 我所要告诉你的, 并不是那里的风土人情, 那是写不尽的, 但是你到那里一看也就会明白的, 不必罗唆地多讲。

번역 : (　　　　　　　　　　　　　　　　　　　　　　　　　　　)

3. 船有两种, 普通坐的都是"乌篷船", 白篷的大抵作航船用, 坐夜航船到西陵去也有特别的风趣, 但是你总不便坐, 所以我就可以不说了。

번역 : (　　　　　　　　　　　　　　　　　　　　　　　　　　　)

4. 船头着眉目, 状如老虎, 但似在微笑, 颇滑稽而不可怕, 唯白篷船则无之。

번역 : (　　　　　　　　　　　　　　　　　　　　　　　　　　　)

심화연습

본문을 듣고 내용에 근거해서 원어민의 질문에 중국어로 답해봅시다.

녹음을 잘 들어 보세요.

문제 1.

정답 : (　　　　　　　　　　　　　　　　　　　　　)

문제 2.

정답 : (　　　　　　　　　　　　　　　　　　　　　)

문제 3.

정답 : (　　　　　　　　　　　　　　　　　　　　　)

<보기>에서 괄호 안에 들어갈 알맞은 낱말을 고르시오.

문제 4.

〈보기〉 :	夹	搁	扇	究竟	到底	而
	和	接近	亲近	朝		

(1) 老实说, 我的故乡, 真正觉得可怀恋的地方, 并不是那里；但是因为在那里生长, 住过十多年, (1) 知道一点情形, 所以写这一封信告诉你。

(2) 篷是半圆形的, 用竹片编成, 中夹竹箬, 上涂黑油, 在两 (1) "定篷" 之间放着一 (2) 遮阳, 也是半圆的, 木作格子, 嵌着一片片的小鱼鳞, 径约一寸, 颇有点透明, 略似玻璃 (3) 坚韧耐用, 这就称为明瓦。

(3) 在这种船里仿佛是在水面上坐, 靠近田岸去时泥土便和你的眼鼻 (1), 而且遇着风浪, 或是坐得少不小心, 就会船底 (2) 天, 发生危险, 但是也颇有趣味, 是水乡的一种特色。

다음 밑줄 친 낱말과 같은 의미의 것을 고르시오.

문제 5. 船头着眉目, 状如老虎, 但似在微笑, 颇<u>滑稽</u>而不可怕, 唯白篷船则无之。

① 诙谐　② 激烈　③ 亲密　④ 美丽

학습 마무리

본 과에서 학습한 내용을 정리해 봅시다.

이 작품은 서간체 산문이며, 편지의 형식을 통해 타지의 친구에게 고향의 풍물과 민속을 소개하고 있습니다. 이 문장은 세밀하고 상세한 풍격과 평담하고 소박한 풍격, 크게 이 두 가지 풍격을 갖고 있다고 할 수 있습니다. 이러한 풍격은 작가 주작인의 거의 모든 작품에서 느낄 수 있는 그만의 창작수법입니다.

본문은 주로 수향인 소흥, 곧 작가의 고향에서만 볼수 있는 오봉선을 소개하였는데, 오봉선의 용도(대중교통수단), 종류, 구조, 외형을 흥미롭고 아기자기하게 풀어나가고 있습니다.

이 편지가 자신의 필명인 子荣을 수신인으로 하고 있다는 점에 주목하여 본다면, 섬세하고 꼼꼼하면서도 친구에 대해 인정미가 넘치는 자상한 소개와 배려라는 내용이 그 이면에 숨겨있는 작가 자신의 고향에 대한 강한 그리움과 고향의 풍물을 사랑하는 애틋한 심정을 우리는 읽어낼 수 있을 것입니다.

학습한 내용에서 오봉선의 용도, 종류, 구조 등에 대한 해석을 또박또박 다시 해보고 배의 구조에 동반되는 도량형의 표현방법도 꼭 익히기 바랍니다.

08

乌篷船 (2)

학습포인트

1. 남방의 자연과 지명 이해
2. 문언 허사의 활용
3. 도량형 표현연습

본문 읽기 (1)

원어민의 음성을 듣고 문장의 억양을 살려서 소리내어 읽어 봅시다.

你如坐船出去，可是不能像坐电车的那样性急，立刻盼望走到。倘若出城，走三四十里路(我们那里的里程是很短，一里才及英里三分之一)，来回总要预备一天。你坐在船上，应该是游山的态度，看看四周物色，随处可见的山，岸旁的乌柏，河边的红蓼和白苹，渔舍，各式各样的桥，困倦的时候睡在舱中拿出随笔来看，或者冲一碗清茶喝喝。偏门外的鉴湖一带，贺家池，壶觞左近，我都是喜欢的，或者往娄公埠骑驴去游兰亭(但我劝你还是步行，骑驴或者于你不很相宜)，到得暮色苍然的时候进城上都挂着薜荔的东门来，倒是颇有趣味的事。倘若路上不平静，你往杭州去时可于下午开船，黄昏时候的景色正最好看，只可惜这一带地方的名字我都忘记了。

단어장

性急	xìngjí	形	성급하다	유 急躁
倘若	tǎngruò	连	만약(만일, 가령) …한다면	동 如果 유 即使
里程	lǐchéng	名	이정, 노정	
英里	yīnglǐ	量	마일(mile)	
预备	yùbèi	动	준비하다	유 准备
游山	yóushān	动	산수의 아름다운 경치를 유람하며 즐기다	유 游山玩水
四周	sìzhōu	名	사방	동 四方，四处
随处	suíchù	副	도처에	동 遍地，到处
乌柏	wūjiù	名	오구목	
红蓼	hóngliáo	名	붉은 꽃이 피는 여뀌. 수초의 일종	
白苹	báipíng	名	흰 꽃이 피는 개구리밥	

困倦	kùnjuàn	形	피곤하여 졸리다	유 疲困, 疲劳
偏门	Piānmén	名	<地> 피엔먼	
鉴湖	Jiànhú	名	지엔후, 호수 이름	
贺家	Hèjiā	名	<地> 흐어지아	
壶觞	Húshāng	名	<地> 후샹	
左近	zuǒjìn	名	부근	동 附近
娄公埠	Lóugōngbù	名	<地> 러우꿍뿌	
兰亭	Lántíng	名	<地> 란팅	
驴	lǘ	名	당나귀	
暮色苍然	mùsècāngrán	成	모색이 창연하다	동 暮色苍茫
景色	jǐngsè	名	경치, 풍경	동 风光, 风景
薜荔	bìlì	名	담쟁이, 벽려, 줄사철나무	

독해 연습 (1)

1

你如坐船出去, 可是不能像坐电车的那样性急, 立刻盼望走到。倘若出城, 走三四十里路(我们那里的里程是很短, 一里才及英里三分之一), 来回总要预备一天。

당신이 가령 배를 타고 나간다면 절대로 전차를 탈 때처럼 성급하게 즉시 가기를 바랄 수는 없습니다. 만약 성 밖으로 나간다면 삼사십 리는 가야 하는데(우리 고향의 길을 세는 이정(里程)은 짧은데 1리가 3분의 1마일입니다.), 왕복에 아무래도 하루는 잡아야 합니다.

A: 如

1. ~을 좇아, ~에 의거하여

例 1. 这次去内蒙古旅行, 可如了他的愿了。

2. 我去过中国许多地方, 如西安、桂林、广州等。

2. ~같다. ~만하다

例 亲如一家　泪如雨下

3. 현대중국어에서 부정의 비교로서 不如로만 쓰인다.
~에 못 미치다. ~만 못하다.

例 首尔的冬天不如北京那么冷。

B: **倘若(=如果) '만약 ~한다면'**

例 倘若你有时间，一定来西安玩吧。

C: **走三四十里路**

- 三四十里路 : 서로 이웃한 두 숫자를 연용하여 어림수를 나타낸다.
(숫자는 작은 것에서 큰 것으로 배열)
三四十里路 (3, 40리)는 30 ~ 49의 범위 내이고,
三十多里路 (30여리)는 31 ~ 35정도의 범위 내이고,
三里多路 (3리 남짓)는 3.1 ~ 3.5정도의 범위를 말한다.

- 중국어의 어림수 표현은 낱개로 셀 수 있는 경우와 도량형 따위로 잘게 나누어 셀 수 있는 경우가 있다.

1. 10자리 이상일 때: 수사 + 多 + 양사 + 명사

例 十多个人　五十多本书　三十多公斤行李

2. 10자리 이하일 때(도량형의 경우만 해당됨): 수사 + 양사 + 多 + 명사

例 六斤多肉　过了一个多月　现在五点多钟　等了一个多小时

2

你坐在船上，应该是游山的态度，看看四周物色，随处可见的山，岸旁的乌桕，河边的红寥和白苹，渔舍，各式各样的桥，困倦的时候睡在舱中拿出随笔来看，或者冲一碗清茶喝喝。

2

당신이 배를 타서는 당연히 산을 노니는 태도로 사방의 경치와 여기저기에 보이는 산, 강기슭의 오구목, 강가의 붉은 여뀌와 개구리밥, 그리고 어부의 집과 여러 가지 모양의 다리들을 둘러보다가, 피곤하면 선실에서 자다 수필을 꺼내 보거나, 혹은 녹차 한 잔을 끓여 마실 수도 있습니다.

A: 拿出随笔来

- 拿出 ~ 来 복합방향보어의 목적어는 来나 去앞에 놓는다.

例 大家都拿起杯来, 齐声喊叫 "为了两国的友谊, 干杯!", 接着喝了酒了。

B: 冲一碗清茶

- 冲茶 : 찻물을 붓다. 차를 타다.
- 冲洗 : 물로 헹구다. (사진을)현상하다.

3

偏门外的鉴湖一带, 贺家池, 壶觞左近, 我都是喜欢的, 或者往娄公埠骑驴去游兰亭(但我劝你还是步行, 骑驴或者于你不很相宜), 到得暮色苍然的时候进城上都挂着薜荔的东门来, 倒是颇有趣味的事。

피엔먼(偏门)밖의 지엔후(鉴湖)일대와 흐어지아(贺家)연못, 그리고 후샹(壶觞)부근은 모두 제가 좋아하는 곳이며, 혹은 로우꿍뿌(娄公埠)로 나귀를 타고 란팅(兰亭)에 가서(그러나 저는 당신께 아무래도 걸어가 보라고 권합니다. 나귀를 타는 것이 혹 당신에게 그다지 맞지 않을 수도 있으니까요.) 땅거미가 짙게 내리 깔릴 즈음 성 안으로 들어가서 온통 담쟁이가 걸려 있는 동문으로 오면 의외로 상당히 재미있는 일이지요.

A: 我劝你还是步行, 骑驴或者于你不很相宜

- 还是 : 아무래도 ~(그렇게 하는 편이 낫다는 의미)

例 今天的会议你还是参加比较好。

- 或者, 或许 혹시나

例 你努力复习吧, 这次考试或者可以通过呢!

B: 暮色苍然(=暮色苍茫)

- 땅거미가 짙게 내리 깔리다, 해질 무렵 저녁 빛이 매우 어스레하다

例 太阳西沉、暮色苍然的时分，我的心情也如苍然的暮色渐渐黯淡、沉重起来。

C: 偏门　鉴湖　娄公埠　兰亭

▌소흥시 주변 지도▐

4

倘若路上不平静，你往杭州去时可于下午开船，黄昏时候的景色正最好看，只可惜这一带地方的名字我都忘记了。

만약 길이 고르지 않아, 항저우(杭州)로 갈 때 오후에 배를 띄우면 황혼이 질 때의 경치가 정말 아름다운데요, 다만 안타깝게도 제가 그 일대의 이름을 모두 잊어버렸습니다.

A: 可于下午开船

- 于 :

1. 在의 의미 : '~에, ~에서', 장소, 시간, 범위를 나타낸다.

例 1. 老王一九八三年生于北京。

2. 他生于1980年。

2. 从의 의미 : '~부터, 에서' 동작 행위의 기점이나 유래를 나타낸다.

例 1. 天才来源于勤奋。

2. 青出于蓝

본문 읽기 (2)

원어민의 음성을 듣고 문장의 억양을 살려서 소리내어 읽어 봅시다.

夜间睡在舱中，听水声橹声，来往船只的招呼声，以及乡间的犬吠鸡鸣，也都很有意思。雇一只船到乡下去看庙戏，可以了解中国旧戏的真趣味，而且在船上行动自如，要看就看，要睡就睡，要喝酒就喝酒，我觉得也可以算是理想的行乐法。只可惜讲维新以来这些演剧与迎会都已禁止，中产阶级的低能人别在"布业会馆"等处建起"海式"的戏场来，请大家买票看上海的猫儿戏。这些地方你千万不要去。—你到我那故乡，恐怕没有一个人认得，我又因为在教书不能陪你去玩，坐夜船，谈闲天，实在抱歉而且惆怅。川岛君夫妇现在偁山下，本来可以给你绍介，但是你到那里的时候他们恐怕已经离开故乡了。初寒，善自珍重，不尽。

十五年十一月十八日夜，于北京

단어장

以及	yǐjí	连 또한, 아울러	유 及, 和
犬吠鸡鸣	quǎnfèi-jīmíng	개가 짖고 닭이 우는 소리	
雇	gù	动 빌리다	유 借 반 租
庙戏	miàoxì	名 제례를 할 때 사당 앞에서 공연하는 연극	
自如	zìrú	形 자유 자재하다	동 自由自在

犬吠鸡鸣	quǎnfèi-jīmíng	개가 짖고 닭이 우는 소리	
雇	gù	动 빌리다	유 借 반 租
庙戏	miàoxì	名 제례를 할 때 사당 앞에서 공연하는 연극	
自如	zìrú	形 자유 자재하다	동 自由自在
行乐	xínglè	动 향락하다, 즐기다	
维新	wéixīn	名 1898년 康有爲·梁啓超 등에 의해 진행되었던 维新运动을 가리킴. 100일만에 실패하였음.	
布业会馆	bùyèhuìguǎn	名 방직업 회관, 일종의 직업단체	
海式	hǎishì	名 상해풍, 上海式 또는 上海风	
恐怕	kǒngpà	副 (나쁜 결과를 예상해서) 아마...일 것이다	
惆怅	chóuchàng	形 실의하다	유 失望, 失意
珍重	zhēnzhòng	动 진기하게 여기고 소중히 하다	동 珍爱, 珍惜

독해 연습 (2)

1

夜间睡在舱中，听水声橹声，来往船只的招呼声，以及乡间的犬吠鸡鸣，也都很有意思。雇一只船到乡下去看庙戏，可以了解中国旧戏的真趣味，而且在船上行动自如，要看就看，要睡就睡，要喝酒就喝酒，我觉得也可以算是理想的行乐法。

밤에 선실에서 잠을 청할 때 물소리, 노 젓는 소리와 오고 가는 배에서 부르는 소리, 그리고 마을에서 개가 짖고 닭이 우는 소리들을 듣는 것도 꽤 재미있습니다. 배를 한 척 빌려 시골마을로 가서 사당에서 하는 연극을 보는 것은, 중국 고전극의 진짜 흥취를 이해할 수 있을 뿐만 아니라, 배 위에서는 행동이 자유로와, 보고 싶으면 보고, 자고 싶으면 자고, 술을 마시고 싶으면 마시는 것도 저는 이상적인 행락의 방법이라고 생각합니다.

A: 船只

• 사물을 세는 양사가 뒤에 붙어서 그 사물의 집합명사의 의미로 쓰인다.

纸张 종이　　灯盏 등잔　　车辆 차량

船只 선박　　书本 서적　　马匹 말

例 1. 只有书本知识是不够的。

2. 现在纸张的产量大大增加了。

B: 以及

• 병렬하는 단어 또는 문장 연접

1. '몇, 그리고', '以及' 앞에는 비교적 중요한 항목이 놓인다.

例 这本书在新华书店总店以及各地支店都可以买到。

• 병렬하고 있는 것들을 구분 또는 분류

1. '그리고, 아울러' A, B, C, D 병렬이며 AB가 한 종류이고 CD가 또 다른 종류일 때, 'AB+ 以及 + CD'로 표현한다.

例 这本刊物登载诗歌、散文、评论以及文艺消息、作家动态等。

2. A가 한 종류이고 BCD가 또 다른 종류일 때, 'A + 以及 + BCD'로 표현한다.

例 今天的会议各系处职员需参加, 科级、处级以及院级干部都须参加。

C: 雇(动)

• (자동차, 배 등을)세내다.

例 雇船　雇车

• 고용하다.

例 雇佣　雇保姆

D: 庙戏

마을의 사당에서 공연하는 연극

중국은 예전부터 각 마을마다 사당을 지어 그 마을의 안녕을 기원하고, 그 곳에서 명절이나 특별한 날에 각종 민속오락과 교제를 가졌다. 그 중 전통극 공연은 많은 관중의 호응을 받는 민중문예이며, 이러한 행사를 통해 중국 각 지방의 지방극 등이 다양하게 발전되었다. 예를 들면, 歌仔戏는 台湾、厦门、漳州 、晋江 등 闽南语지역에서 유행하는 지방극이고, 皮影戏는 청대에 潮州일대에서 유행했던 지방극으로 현대에도 남방에 성행한다.

2

只可惜讲维新以来这些演剧与迎会都已禁止，中产阶级的低能人别在"布业会馆"等处建起"海式"的戏场来，请大家买票看上海的猫儿戏。

다만 안타깝게도 유신운동 이후로는 이러한 연극과 연회가 다 금지 되었는데, 중산계층의 교육을 제대로 받지 못한 사람들은 별도로 "방직업회관" 등과 같은 곳에 상하이 풍의 극장을 세워, 사람들이 표를 사서 상해의 마오얼연극(猫儿戏)을 보도록 하였습니다.

A: 维新

- 중국 청대 말의 변법운동을 가리킨다
  1898년 강유위(康有爲)와 양계초(梁啓超) 등에 의해 추진되었던 유신운동이다.

B: 迎会

- 지역의 사당이나 사원에서 명절이나 축제 때 복을 기원하는 행사를 치르고 각종 활동을 하는 행위를 일컫는다.

C: 低能人别在"布业会馆"等处

- 别는 별도로, 따로, '另外'의 의미이다.

D: 猫儿戏

남방에서 유행하는 지방극.

'猫儿'은 청대 양주(扬州) 여자이며 연극단의 단장이었다. 처음에는 그 젊은 여자가 연기하였으므로 "猫儿戏"라 불렀으며, 장강유역에서 유행하였다. 《海陬冶游录》에는, 기예를 가르치는 교방(教坊)에서 연극을 공연하는데 속칭 '猫儿戏'라 하고, 양주의 어느 여자가 이 기예에 뛰어나 여제자들을 길러냈으며, 그 연극을 '猫儿'로 부른다는 기록이 있다.

3

这些地方你千万不要去。—你到我那故乡，恐怕没有一个人认得，我又因为在教书不能陪你去玩，坐夜船，谈闲天，实在抱歉而且惆怅。

이런 곳은 절대로 가지마세요. 당신이 제 고향에 가면 아마 아무도 당신을 알아보지 못할텐데, 저는 학교 수업 때문에 당신을 모시고 놀러 가고, 밤 배를 타고, 이야기를 나눌 수가 없어서 정말로 송구스럽고 낙담이 됩니다.

A: 抱歉과 道歉

- 抱歉 : 형용사, '마음이 편하지 않아서 남에게 미안한 마음을 느끼다.'

例 我迟到了，抱歉。

- 道歉 : 동사, '사과의 뜻을 표하다.' '잘못을 인정하고 사죄하다.'

例 做错了事，就应该赔礼道歉。

4

川岛君夫妇现在偁山下，本来可以给你绍介，但是你到那里的时候他们恐怕已经离开故乡了。初寒，善自珍重，不尽。

十五年十一月十八日夜，于北京

4

추완다오(川岛)군 부부가 지금 청샨(偁山)에 있어서, 원래 당신에게 소개할 수 있었지만, 당신이 그 곳에 도착할 때에는 그들은 아마 이미 고향을 떠날 겁니다. 초겨울에 몸 조심하시고 이만 줄입니다.

(민국)15년 11월 18일밤 북경에서

A: 善自珍重(=保重身体)

- '몸을 잘 챙기세요.'

例 我即将远行了，离别的日子里请你善自珍重。

B: 不尽 이만 줄입니다.

C: 十五年

- 중화민국이 성립한 1911년을 원년으로 계산하여 1926년을 '民国15年'으로 말한다. 지금은 주로 대만에서 이 연호를 사용한다.

연습하기

읽기 연습

다음의 문장을 유창하게 읽을 수 있도록 반복 연습하기 바랍니다.

1. 你坐在船上, 应该是游山的态度, 看看四周物色, 随处可见的山, 岸旁的乌桕, 河边的红红蓼和白苹, 渔舍, 各式各样的桥, 困倦的时候睡在舱中拿出随笔来看, 或者冲一碗清茶喝喝。

2. 夜间睡在舱中, 听水声橹声, 来往船只的招呼声, 以及乡间的犬吠鸡鸣, 也都很有意思。

3. 雇一只船到乡下去看庙戏, 可以了解中国旧戏的真趣味, 而且在船上行动自如, 要看就看, 要睡就睡, 要喝酒就喝酒, 我觉得也可以算是理想的行乐法。

4. 只可惜讲维新以来这些演剧与迎会都已禁止, 中产阶级的低能人别在"布业会馆"等处建起"海式"的戏场来, 请大家买票看上海的猫儿戏。

번역 연습

다음 문장을 한국어로 번역해 봅시다.

1. 你如坐船出去, 可是不能像坐电车的那样性急, 立刻盼望走到。倘若出城, 走三四十里路(我们那里的里程是很短, 一里才及英里三分之一), 来回总要预备一天。

번역 : (   )

2. 倘若路上不平静，你往杭州去时可于下午开船，黄昏时候的景色正最好看，只可惜这一带地方的名字我都忘记了。

번역 : (   )

3. 雇一只船到乡下去看庙戏，可以了解中国旧戏的真趣味，而且在船上行动自如，要看就看，要睡就睡，要喝酒就喝酒，我觉得也可以算是理想的行乐法。

번역 : (   )

4. 你到我那故乡，恐怕没有一个人认得，我又因为在教书不能陪你去玩，坐夜船，谈闲天，实在抱歉而且惆怅。

번역 : (   )

심화연습

본문을 듣고 내용에 근거해서 원어민의 질문에 중국어로 답해봅시다.

녹음을 잘 들어 보세요

문제 1.

정답 : (   )

문제 2.

정답 : (   )

문제 3.

정답 : (　　　　　　　　　　　　　　　　　　　　)

문제 4. <보기> 에서 괄호 안에 들어갈 알맞은 낱말을 고르시오.

〈보기〉 即使　来回　冲　向　自如　游山　倘若　雇

(1) (1)出城, 走三四十里路 (我们那里的里程是很短, 一里才及英里三分之一), (2)总要预备一天。

(2) 你坐在船上, 应该是(3)的态度, 看看四周物色, 随处可见的山, 岸旁的乌桕, 河边的红红蓼和白苹, 渔舍, 各式各样的桥, 困倦的时候睡在舱中拿出随笔来看, 或者(4)一碗清茶喝喝。

(3) (5)一只船到乡下去看庙戏, 可以了解中国旧戏的真趣味, 而且在船上行动自如, 要看就看, 要睡就睡, 要喝酒就喝酒, 我觉得也可以算是理想的行乐法。

문제 5. 다음 밑줄 친 낱말과 같은 의미의 것을 고르시오.

你到我那故乡, 恐怕没有一个人认得, 我又因为在教书不能陪你去玩, 坐夜船, 谈闲天, 实在抱歉而且<u>惆怅</u>。

① 荒唐　② 对得起　③ 失望　④ 感慨

학습 마무리

1. 본 과에서 학습한 내용을 정리해 봅시다.

1. 본 과에서 학습한 내용정리

본문에서 배를 타고 산수를 유람하는 태도와 명소와 그곳의 민속 등을 평담하게 써내려 갔는데, 이런 스타일 속에 작가의 의식이 나타나 있습니다. 즉, 그것은 외부의 경물에 있지 않고, 내심의 한적하고 유유자적하려는 태도입니다.

2. 작품의 대강

이 작품은 《泽泻集》에 수록된 것이며, 작가가 자신의 고향을 그리워하고, 고향의 오봉선을 생각하며 자기 자신에게 쓴 편지입니다.

전체 문장은 평담하면서 소박한 필치로 고향의 따뜻한 인정을 느낄 수 있게 상세하고도 친절하게 서술하였으며, 단락을 나누어 살펴봅시다.

첫째 단락, 자신의 고향과 고향의 명물인 오봉선을 상세하게 소개

둘째 단락, 오봉선을 타고 어떤 태도로 산수를 유람해야 하는지를 설명

셋째 단락, 오봉선을 타고 가 볼만한 명소를 소개

넷째 단락, 민속거리를 소개

다섯째 단락, 자신이 고향에 갈 수 없음을 밝힘

3. 작품의 주제

透过介绍乌篷船而展示江南水乡的民俗风情。

MEMO

09

背影 (1)

들어가면서…

〈背影〉은 주자청(朱自清)의 대표적 산문으로, 작가의 아버지의 뒷모습을 소재로 하였다. 이 작품은 작가가 20세 대학생일 때 우연한 사건 속에서 보게된 아버지의 뒷모습을 그가 28세 되던 해에 다시 기억하며 써 내려간 사실적인 산문이다.

본문을 읽고 독해하면서 사실적인 사선의 서술방식을 살펴보고, 작품에서 그려낸 아버지의 인물형상을 파악하며, 또한 어기를 나타내는 부사를 잘 파악하고 유사어와의 의미 구분을 할 수 있어야 한다.

학습포인트

1. 사실적인 사건의 전개와 기술방식
2. 아버지의 인물형상 표현
3. 부사의 쓰임과 유사어 구별

작가소개 …

朱自清(1898 · 1948), 字는 패현 (佩弦)이고 강소성 동해(東海) 사람이다. 1920년에 북경 대학교 철학과를 졸업하고 중학교 교사로 재직하면서 시를 창작하여 잡지 ≪신조(新潮)≫ 등에 기고하였다. 1935년 ≪중국신문학대계 · 시집(中国新文学大系(诗集))≫을 편집하는 등, 시인 및 비평가로 이름을 떨치다가 1925년 청화대학교 교수로 취임할 무렵부터 산문(散文)으로 바꾸어, 1928년 ≪배영(背影)≫을 발표하였다. 그는 욱달부(郁達夫)와 함께 중국 신문학(新文學) 시기의 대표적인 산문 작가로 일컬어진다. (〈春〉의 작가소개 참고)

본문 읽기 (1)

원어민의 음성을 듣고 문장의 억양을 살려서 소리내어 읽어 봅시다.

我与父亲不相见已二年余了，我最不能忘记的是他的背影。那年冬天，祖母死了，父亲的差事也交卸了，正是祸不单行的日子，我从北京到徐州，打算跟着父亲奔丧回家。到徐州见着父亲，看见满院狼藉的东西，又想起祖母，不禁簌簌地流下眼泪。父亲说，“事已如此，不必难过，好在天无绝人之路！”

回家变卖典质，父亲还了亏空；又借钱办了丧事。这些日子，家中光景很是惨淡，一半为了丧事，一半为了父亲赋闲。丧事完毕，父亲要到南京谋事，我也要回北京念书，我们便同行。

到南京时，有朋友约去游逛，勾留了一日；第二日上午便须渡江到浦口，下午上车北去。父亲因为事忙，本已说定不送我，叫旅馆里一个熟识的茶房陪我同去。他再三嘱咐茶房，甚是仔细。

단어장

相见	xiāngjiàn	动	대면하다	
祖母	zǔmǔ	名	친할머니	
差事	chāishì	名	직무, 관직	
交卸	jiāoxiè	动	인계하다	
祸不单行	huòbùdānxíng	成	설상가상	
奔丧	bēnsāng	动	먼 곳에서 친상의 소식을 듣고 집으로 돌아가다	
狼藉	lángjí	形	난잡하게 어질러지다	동 乱七八糟
簌簌	sùsù	拟	(눈물이)뚝뚝 떨어지는 모양	
变卖	biànmài	动	팔아 돈을 만들다	
典质	diǎnzhì	动	저당잡히다	

亏空	kuīkòng	动 名 빚지다, 적자	유 亏欠
光景	guāngjǐng	名 상황	동 状况, 情况
惨淡	cǎndàn	形 암담한	동 悲惨
赋闲	fùxián	动 직업 없이 집에서 놀다	
完毕	wánbì	动 마치다	동 结束
谋事	móushì	직업을 구하다	
游逛	yóuguàng	动 돌아다니며 놀다	동 游览
勾留	gōuliú	动 머무르다, 묵다	동 停留
嘱咐	zhǔfu	动 당부하다	

독해 연습 (1)

1

我与父亲不相见已二年余了，我最不能忘记的是他的背影。那年冬天，祖母死了，父亲的差事也交卸了，正是祸不单行的日子，我从北京到徐州，打算跟着父亲奔丧回家。

나와 아버지가 서로 만나지 못한지 벌써 2년이 넘었는데, 내가 가장 잊을 수 없는 것은 아버지의 뒷모습이다. 그 해 겨울, 할머니가 돌아가시고 아버지의 직무도 인계되어서 불행이 엎친 데 덮친 날들이었다. 나는 북경에서 서주(徐州)로 가서, 아버지를 따라 상을 치르러 집으로 돌아갈 생각이었다.

A: 不相见已二年余了

- 不相见 + 已 + 二年余了
  (没见面已经两年多了。)
- 시량보어의 활용은 두 가지가 있다. 어떤 동작을 하는데 걸리는 시간을 나타내는 것과, 어떤 동작이 일어난 후 지금까지의 시간을 나타내는 것이며, 여기서는 후자의 경우이다.

例 1. 我每天听一个小时的录音。
2. 我学汉语学了三年半了。(동작을 하는데 걸리는 시간)
3. 我们认识一百多天了!
4. 你来韩国多久了? (동작완료후 지금까지의 시간. 대개 문미에'了'가 수반됨. 已经, 快要, 才등의 부사가 시량보어 앞에 올 수 있다.)

• 余는 多의 뜻이고 어림수를 나타낸다.

例 教室里有十余人。

B: 正是祸不单行的日子

• 祸不单行 : 单, 一个 行, 发生

이 성어는 불행은 연속적으로 발생한다는 뜻이다. '福无双至, 祸不单行'

例 1. 这种祸不单行的日子, 他从来没遇到过。
2. 他爱人生病住院后没几天, 又传来他将被裁员的消息, 真是祸不单行啊!

C: 奔丧回家

연동문 중 '~하기위해', '~하다'의 목적을 나타내는 형태임. 본문에서는 동작의 발생순서로 볼 때 '回家奔丧'로 표현하여야 한다.

例 他去医院看病。 我去超市买东西

2

到徐州见着父亲, 看见满院狼藉的东西, 又想起祖母, 不禁簌簌地流下眼泪。父亲说, "事已如此, 不必难过, 好在天无绝人之路!"

서주에 가서 아버지를 뵙고, 온 마당에 난잡하게 어질러진 물건들을 보고는, 또 할머니 생각이나서 나도 모르게 눈물이 뚝뚝 떨어졌다. 아버지가 말씀하셨다. "일이 이미 이렇게 되었으니, 슬퍼하지 말아라. 다행히하늘은 인간의 길을 끊어버리지 않는다(하늘이 무너져도 솟아날 구멍이 있다고 하지 않더냐)."

A: 着(zháo)접촉하다, 닿다, 부착하다, 결과보어로 쓰여 동작이 목적에 도달하다는 의미를 나타냄.

• zhāo, 바둑을 둘 때 한 수를 '一着'라 함.

• zhe, 동작의 지속태를 나타내는 조사

• zhúo, 착용하다. 입다.

여기서는 zháo로 읽어야 한다.

例 1. 我今天见着他了。

2. 这个谜语我猜着了。

B: 满院狼藉

• 狼藉 : 엉망진창인, 어질러진 乱七八糟, 杂乱不堪

술어로 쓰일 때 주어는 대개 이음절이 된다.

例 1. 吃过饭后, 桌子上杯盘狼藉。

2. 城门早已闭上了, 等候天明进城的人很多, 狼藉地枕卧在地上。

C: 不禁簌簌地流下眼泪

• 不禁 : 참을 수 없어, 나도 모르게

例 我一见到离别二十年的朋友, 不禁簌簌泪下。

D: 好在天无绝人之路

• 好在, 幸亏 : 好在는 원래 유리한 조건이나 상황이었음을 나타낸다.

例 1. 没想到会下起雨来, 好在雨不大, 路又比较近, 衣服没怎么淋湿。

2. 刚到北京来, 人生地不熟。好在有老北京当向导, 出门不怕迷路。

幸亏는 유리한 조건이나 상황이 우연히 생긴 것을 말하며, 문장 속에는 그렇지 않았으면 바라지 않는 결과가 발생했을 것이라는 의미를 갖는다. 그래서 종종 '否则', '要不' 등과 호응한다.

例 1. 幸亏汽车司机赶紧停了车, 否则非出事故不可。

2. 幸亏你来了, 帮他修好了机器, 要不他一晚上也修不好。

• **天无绝人之路** : 하늘은 궁지에 몰린 사람에게 그 길을 막지 않는다.

3

回家变卖典质，父亲还了亏空；又借钱办了丧事。这些日子，家中光景很是惨淡，一半为了丧事，一半为了父亲赋闲。丧事完毕，父亲要到南京谋事，我也要回北京念书，我们便同行。

집으로 돌아온 뒤 팔 것은 팔고 저당 잡힐 것은 잡혀서 아버지는 빚을 갚았지만 장례를 치르느라 또 돈을 빌렸다. 이러한 날들에 집안 사정은 너무나도 암담하여, 빌린 돈의 반은 장례를 치르는데 쓰고 나머지 반은 아버지의 실직으로 써 버리고 말았다. 장례식을 다 치른 뒤, 아버지는 일자리를 알아보려고 남경으로 가야하셨고, 나도 공부하러 북경으로 돌아가야 했기에 아버지와 나는 동행을 하게 되었다.

A: 还, 借

- 还给你 还你 还钱 / 借给你 借你 借钱

  还, 이중목적어를 갖는 동사다. 还你钱 还给你钱

  借, 빌리다. 빌려주다

例 1. 向他借钱, 后来还给他(钱)。 (그에게서 빌리다)

2. 借钱给他, 后来他还我(钱)。 (그에게 빌려주다)

B: 家中光景很是惨淡

- 부사 '很、甚、极、最、颇' 등이 '是'나 '为'와 연용하여 '很是'、'甚是'、'甚为'、'极为'、'最为'、'颇为'로 조합되어 형용사를 수식할 때 '是' '为'를 강조하는 작용을 한다. 글말에 쓰이며, 이음절 형용사만 올 수 있으며, 부정부사의 수식을 받을 수 없다.

例 1. 他再三嘱咐茶房, 甚是仔细。

2. 他对这个问题考虑得很是仔细。

3. 你刚才所讲, 颇为有理。

C: 一半为了丧事, 一半为了父亲赋闲

为了는 因为, 因着의 의미.

例 他是为了办这件事情才回来的。

4

到南京时，有朋友约去游逛，勾留了一日；第二日上午便须渡江到浦口，下午上车北去。父亲因为事忙，本已说定不送我，叫旅馆里一个熟识的茶房陪我同去。他再三嘱咐茶房，甚是仔细。

남경에 도착해서 관광하기로 약속을 한 친구가 있어서 하루 동안 머물게 되었다. 이튿날 오전에 강을 건너 포구에 가서 오후에는 북경행 기차를 타기로 하였다. 아버지는 일이 바쁘셔서 원래 나를 배웅하지 않겠다고 말씀하셨고, 여관에 잘 아는 심부름꾼에게 나를 데리고 가도록 하셨다. 아버지는 심부름꾼에게 여러 번 부탁하셨고 너무나도 세심하셨다.

A: 有朋友约去游逛

- 约 :

例 1. 我跟他约时间/做事

2. 约好，我们约好了明天一起去看电影。

3. 约会，今天晚上我有个约会。

B: 上车北去

- 北去 : 向北京去의 의미이다.

C: 本已说定不送我

- 本已 : 本来已经의 의미이다.
- 说定 : 확실하게 말하다

例 我们去春游的事就这么说定了。

D: 茶房

중국어에 이전에 여관, 찻집, 기차, 극장 등에서 다과, 음료를 나르던 심부름꾼. 특히 찻집의 심부름꾼을 '茶博士' 라고 한다.

E: 他再三嘱咐茶房

- 再三，一次又一次，여러 번 반복의 의미.

例 考虑再三, 叮嘱再三, 再三再四

• 嘱咐, 嘱托

'嘱咐'는 구두상의 당부를 가리킨다.

例

1. 他再三嘱咐茶房, 甚是仔细。
2. 老师总是再三嘱咐学生好好学习。

'嘱托'는 중요한 사람이나 일을 부탁할 때 쓴다.

例

1. 他嘱我路上小心, 夜里要惊醒些, 不要着凉。又嘱托茶房好好照应我。
2. 老板出国前嘱托我把公司管理好。

본문 읽기 (2)

원어민의 음성을 듣고 문장의 억양을 살려서 소리내어 읽어 봅시다.

但他终于不放心, 怕茶房不妥帖；颇踌躇了一会。其实我那年已二十岁, 北京已来往过两三次, 是没有甚么要紧的了。他踌躇了一会, 终于决定还是自己送我去。我两三回劝他不必去；他只说, "不要紧, 他们去不好！"
我们过了江, 进了车站。我买票, 他忙着照看行李。行李太多了, 得向脚夫行些小费, 才可过去。他便又忙着和他们讲价钱。我那时真是聪明过分, 总觉他说话不大漂亮, 非自己插嘴不可。但他终于讲定了价钱；就送我上车。他给我拣定了靠车门的一张椅子；我将他给我做的紫毛大衣铺好坐位。他嘱我路上小心, 夜里警醒些, 不要受凉。又嘱托茶房好好照应我。我心里暗笑他的迂；他们只认得钱, 托他们直是白托！ 而且我这样大年纪的人, 难道还不能料理自己么？ 唉, 我现在想想, 那时真是太聪明了！

단어장

妥帖	tuǒtiē	形	매우 알맞다	동 恰当
踌躇	chóuchú	动	주저하다, 망설이다	
脚夫	jiǎofū	名	운반하는 사람	
插嘴	chāzuǐ	动	말참견하다	
拣	jiǎn	动	선택하다	
受凉	shòuliáng	动	감기 걸리다	동 着凉, 感冒
嘱托	zhǔtuō	动	부탁하다	동 委托
暗笑	ànxiào	动	몰래 비웃다	
迂	yū	形	(행동이)굼뜨다	

독해 연습 (2)

1

但他终于不放心，怕茶房不妥帖；颇踌躇了一会。其实我那年已二十岁，北京已来往过两三次，是没有甚么要紧的了。他踌躇了一会，终于决定还是自己送我去。我两三回劝他不必去；他只说，“不要紧，他们去不好！”

그러나 아버지께서는 결국에는 마음이 놓이지 않으셨는지, 심부름꾼이 마땅치 않은 듯 한참을 망설였다. 사실 나는 그 해에 이미 스무살 이나 되었고 두세번 북경을 오고 갔기 때문에 그다지 문제 될 것은 없었다. 그는 잠시 망설이시더니 결국에는 아무래도 당신이 직접 나를 배웅하겠다고 결정하셨다. 나는 몇 번이나 가실 필요가 없다며 만류했지만 아버지는 이 말씀만 하실 뿐이었다. “괜찮아, 그 놈들이 가는 건 안 좋겠다!”

A: 颇踌躇了一会

- 颇：相当, 很보다는 강한 어기
- 踌躇, 犹豫：

1. '踌躇'는 생각을 결정하지 못하고 주저하는 심정, 글말에 쓰임.

例 这几天, 不知为什么他老是显出踌躇不安的样子。

2. '犹豫'는 생각을 결정하지 못하는 심정이나 주저하는 구체적 행동을 가리킴. 글말과 입말에 다 쓰인다.

例 他站在那儿犹豫了一会, 不知该走哪条路。

B: 终于决定还是自己送我去

- 还是 : 아무래도(~하는 게 낫다)

例 马上要考试了, 还是不要去玩好好学习吧。

2

我们过了江, 进了车站。我买票, 他忙着照看行李。行李太多了, 得向脚夫行些小费, 才可过去。他便又忙着和他们讲价钱。我那时真是聪明过分, 总觉他说话不大漂亮, 非自己插嘴不可。但他终于讲定了价钱；就送我上车。

우리는 강을 건너서 역으로 들어갔다. 나는 표를 사고 아버지는 분주히 짐을 지키셨다.짐이 너무 많아서 짐꾼에게 돈을 좀 주어야 움직일 수 있었다. 아버지는 또 다시 분주히 짐꾼들과 흥정을 하셨다. 나는 그 때 너무나도 똑똑해서 아버지의 말씀이 시원스럽지 못 하다는 생각이 들어 말참견을 하지 않을 수가 없었다. 하지만 기어코 아버지는 짐삯을 흥정하셔서 내가 차를 타도록 배웅하셨다.

A: 我们过了江, 进了车站

앞의 了는 어떤 동작을 마치고 다른 동작이 이어질 때 동사 뒤에 곧 나와야 하는 경우며, 뒤의 了는 구체적인 사물이나 대상이 목적어로 나올 때 동사 뒤에 쓰인다.

B: 得向脚夫行些小费

- 向 : ~에게, ~와 (= 跟)
- 行些小费 : 行은 推行, 进行, 做, 여기서는 구체적으로 '给', '付', '送'의 의미이다.

例 不给服务员行些小费，他们就会不好好为你服务。

C: **讲价钱, 가격을 흥정하다. 杀价 讨价还价**

- 杀价 : 구입하는 쪽에서 가격을 대폭 깎는 행위

例 买东西的时候，他很会杀价。

- 讨价还价, 일을 맡거나 담판을 지을 때 조건을 내놓고 따져보는 행위, 주로 거래를 위한 가격을 흥정할 때 많이 사용한다.

例 在小的商店买东西时，一定要讨价还价。

D: **非自己插嘴不可**

- 非 ~ 不可 : ~하지 않으면 안 된다.

例 1. 这次比赛你非参加不可。

2. 这件事别人办不了，非得你亲自去一趟不可。

3

他给我拣定了靠车门的一张椅子；我将他给我做的紫毛大衣铺好坐位。他嘱我路上小心，夜里警醒些，不要受凉。又嘱托茶房好好照应我。

아버지는 나에게 차창가의 자리를 하나 잡아 주셨고, 나는 아버지가 만들어 주신 보라색 털외투를 자리에 깔았다.아버지는 나더러 길 조심하라시면서, 밤에는 깨어 있어서, 감기 안 들게 주의하라고 하셨다. 또 심부름꾼에게 나를 잘 보살펴 달라고 부탁까지 하셨다.

A: **他给我拣定了靠车门的一张椅子, 他给我做的紫毛大衣**

- 给 ~ 拣定 : 给 ~ 做, 给대신 为了, 帮을 쓸 수 있다.

例 我们应该拣定一个好的日子开张。

B: **照应 발음에 유의**

zhàoying 보살펴 주다. zhàoyìng 호응하다, 호흡이 맞다.

4

我心里暗笑他的迂；他们只认得钱，托他们直是白托！而且我这样大年纪的人，难道还不能料理自己么？唉，我现在想想，那时真是太聪明了！

나는 속으로 아버지의 어리석음을 비웃었다. 그 사람들은 돈 밖에 모르는데 부탁해 봤자 정말 쓸 데 없는 짓이지! 게다가 내가 이만한 나이에 설마 내 일 하나 처리 못 할까 봐? 아, 지금에 와서 생각해 보니 그때 나는 너무 똑똑하게 굴었던 것 같다.

A: 他们只认得钱，托他们直是白托

- 认得：认识 知道의 뜻.
- 直：简直의 뜻.

例 去看那种电影直是受罪。

B: 我这样大年纪的人

我와 大年纪的人은 동격이다.

例 像今天这么冷的天气，在南方还是少有的。

C: 难道还不能料理自己么？

- 难道：뒤에 부정이 오면 긍정의 의미. 뒤에 긍정이 오면 부정의 의미가 강하다.

例 1. 难道你没去过中国？
2. 难道他也知道这个事情吗？

- 料理，처리하다，돌보다.(=办理、处理、照顾)

例 你怎么料理不好自己的事情呢？

D: 唉：실망이나 애석함을 표시

例 唉，落叶满地，真是让人伤秋呀！

- 대답을 표시

例 唉，在这呢！

- 탄식을 표시

例 唉，真没有办法。

연습하기

읽기 연습

다음의 문장을 유창하게 읽을 수 있도록 반복 연습하기 바랍니다.

1. 那年冬天, 祖母死了, 父亲的差事也交卸了, 正是祸不单行的日子, 我从北京到徐州, 打算跟着父亲奔丧回家。

2. 回家变卖典质, 父亲还了亏空；又借钱办了丧事。这些日子, 家中光景很是惨淡, 一半为了丧事, 一半为了父亲赋闲。

3. 他踌躇了一会, 终于决定还是自己送我去。我两三回劝他不必去；他只说, “不要紧, 他们去不好！”

4. 他嘱我路上小心, 夜里警醒些, 不要受凉。又嘱托茶房好好照应我。我心里暗笑他的迂；他们只认得钱, 托他们直是白托！

번역 연습

다음 문장을 한국어로 번역해 봅시다.

1. 我与父亲不相见已二年余了, 我最不能忘记的是他的背影。
   번역 : (   )

2. 到徐州见着父亲, 看见满院狼藉的东西, 又想起祖母, 不禁簌簌地流下眼泪。

번역 : (   )

3. 父亲因为事忙, 本已说定不送我, 叫旅馆里一个熟识的茶房陪我同去。

번역 : (   )

4. 他嘱我路上小心, 夜里警醒些, 不要受凉。又嘱托茶房好好照应我。

번역 : (   )

심화연습

본문을 듣고 내용에 근거해서 원어민의 질문에 중국어로 답해봅시다.

녹음을 잘 들어 보세요

문제 1.

정답 : (   )

문제 2.

정답 : (   )

문제 3.

정답 : (   )

밑줄 친 단어와 의미가 다른 것을 고르시오.

문제 4. 回家变卖典质，父亲还了<u>亏空</u>；又借钱办了丧事。 这些日子，家中光景很是惨淡，一半为了丧事，一半为了父亲赋闲。

① 欠债　② 缺点　③ 负债　④ 亏欠

문제 5. 다음 문장의 괄호 안에 들어갈 단어를 <보기>에서 골라 적으시오.

难过	小心	插嘴	难道	暗笑	照应	受凉	白托	踌躇

我将他给我做的紫毛大衣铺好坐位。他嘱我路上(1)，夜里警醒些，不要(2)。又(3)茶房好好照应我。我心里(4)他的迂；他们只认得钱，托他们直是(5)！而且我这样大年纪的人，(6)还不能料理自己么？

학습 마무리

본 과에서 학습한 내용을 정리해 봅시다.

작품의 전반부는 조모의 상을 당한 일과 집안의 몰락과 아버지의 사직 등이 차례로 이어지며, 아버지와 작가가 상경하면서 일어났던 며칠 간의 일을 평이하게 서술하고 있습니다. 본 과의 후반부터 아버지께서 아들인 자신에 대한 애정과 걱정이 어느 정도 인지를 엿볼 수 있게 하는 작은 사건이 전개되고 있습니다.
문장을 다시 해석해 보면서 사실적인 사건을 기술하는 표현방법과 인물형상을 표현하는 수법을 잘 살펴보고, 수식을 위한 부사의 정확한 쓰임새도 알아 두어야 하겠습니다.

10

背影 (2)

학습포인트

1. 네 가지 상황의 '背影' 의미파악
2. 아버지의 인물형상
3. 어기부사의 활용과 유사어와의 구별

본문 읽기 (1)

원어민의 음성을 듣고 문장의 억양을 살려서 소리내어 읽어 봅시다.

我说道,“爸爸, 你走吧。”他望车外看了看, 说,“我买几个橘子去。你就在此地, 不要走动。”我看那边月台的栅栏外有几个卖东西的等着顾客。走到那边月台, 须穿过铁道, 须跳下去又爬上去。父亲是一个胖子, 走过去自然要费事些。我本来要去的, 他不肯, 只好让他去。我看见他戴着黑布小帽, 穿着黑布大马褂, 深青布棉袍, 蹒跚地走到铁道边, 慢慢探身下去, 尚不大难。可是他穿过铁道, 要爬上那边月台, 就不容易了。他用两手攀着上面, 两脚再向上缩; 他肥胖的身子向左微倾, 显出努力的样子。这时我看见他的背影, 我的泪很快地流下来了。我赶紧拭干了泪, 怕他看见, 也怕别人看见。我再向外看时, 他已抱了朱红的橘子望回走了。过铁道时, 他先将橘子散放在地上, 自己慢慢爬下, 再抱起橘子走。到这边时, 我赶紧去搀他。他和我走到车上, 将橘子一股脑儿放在我的皮大衣上。于是扑扑衣上的泥土, 心里很轻松似的, 过一会说,“我走了; 到那边来信!”我望着他走出去。他走了几步, 回过头看见我, 说,“进去吧, 里边没人。”等他的背影混入来来往往的人里, 再找不着了, 我便进来坐下, 我的眼泪又来了。

단어장

栅栏	zhàlán	名 울타리	동 篱栅
费事	fèishì	动 힘을 들이다	
蹒跚	pánshān	形 뒤뚱 뒤뚱 걷다	
探	tàn	动 (상체를)기울이다	
尚	shàng	副 대체로, 아직, 또한	동 还

拭	shì	动 닦다, 지우다	동 擦
搀	chān	动 부축하다, 붙잡다	동 扶
一股脑儿	yīgǔnǎor	副 <方>모두, 몽땅	동 通通, 都
扑	pū	动 털다	

독해 연습 (1)

1

我说道，"爸爸，你走吧。" 他望车外看了看，说，"我买几个橘子去。你就在此地，不要走动。" 我看那边月台的栅栏外有几个卖东西的等着顾客。走到那边月台，须穿过铁道，须跳下去又爬上去。

나는 말하였다. "아버지, 그만 가세요." 아버지는 창 밖을 쳐다 보다가 말씀하셨다. "내 가서 귤 좀 사오마. 넌 여기 있거라, 움직이지 말고." 내가 저 쪽 플랫폼 울타리 밖을 보니 몇 명의 장사꾼들이 손님을 기다리고 있었다. 그 쪽 플랫폼으로 걸어가려면 반드시 철길을 가로질러야 했고, 뛰어내렸다가 다시 기어 올라가야 했다.

A: 望车外看了看

- 望 : 向, 朝의 뜻

B: 我买几个橘子去。 '~하러 간다(去)'에 문장의 중점을 둔다.

- 我去买几个橘子。 买几个橘子라는 목적에 문장의 중점이 있다.

C: 须穿过铁道,

- 穿过 ; 가로질러 가다. 통과하다

例 1. 怪不得他走得这么快，原来他穿了胡同。
2. 这条胡同没出口，你穿不过去。

2

父亲是一个胖子，走过去自然要费事些。我本来要去的，他不肯，只好让他去。我看见他戴着黑布小帽，穿着黑布大马褂，深青布棉袍，蹒跚地走到铁道边，慢慢探身下去，尚不大难。

아버지는 뚱뚱하신 분이어서 걸어가는 일이 자연히 힘이 좀 들었다. 내가 원래 가려고 했지만, 아버지가 원하지 않으셔서 가시게 놔둘 수밖에 없었다. 나는 검은색 중절모를 쓰고 검은색 마고자에 남색 두루마기를 입으신 아버지가 뒤뚱거리며 철길 가로 가셔서 천천히 몸을 굽히고 내려가시는 것을 보았는데 그런대로 괜찮았다.

A: 走过去自然要费事些

- 自然 : 당연히, 원래

例 1. 布料、式样好，衣服做出来自然不错。

2. 你今天怎么了，表演得很不自然。

B: 蹒跚地走到铁道边

- 蹒跚 : 다리가 불편하여 천천히 흔들며 걷는 모양, 뒤뚱뒤뚱

例 他一步一步地往前蹒跚着，走几步就停下来歇一歇。

C: 慢慢探身下去

- 探身 : 몸을 앞으로 쏠리게 내밀다, 구부리다.

D: 尚不大难

- 尚 : 대체로, 꽤

例 1. 文章内容尚好。

(정도가 높지 않으면서, 완곡한 긍정이 내포되어 있다.)

2. 两国建交的实机尚未成熟。

(어떤 동작이나 상태가 지금까지 아직 지속되고 있음을 나타내며, 뒤에는 부정부사나 형용사가 온다.)

3

可是他穿过铁道, 要爬上那边月台, 就不容易了。他用两手攀着上面, 两脚再向上缩; 他肥胖的身子向左微倾, 显出努力的样子。这时我看见他的背影, 我的泪很快地流下来了。我赶紧拭干了泪, 怕他看见, 也怕别人看见。

그러나 철길을 지나시고 저 쪽 편 플랫폼에 기어올라야 하는 것은 그리 쉽지 않았다. 아버지는 양 손으로 윗 쪽을 잡고 두 다리는 또 위로 오므리셨다. 아버지의 비만한 몸이 왼쪽으로 약간 기울면서 안간힘을 쓰는 모습이 역력했다. 이 때 나는 아버지의 뒷모습을 보았고, 눈물이 빠르게 흘러내렸다. 나는 아버지에게 들킬까 봐, 또 다른 사람들이 볼까 봐 재빨리 눈물을 닦았다.

A: 肥胖的身子向左微倾, 显出努力的样子

- 向左微倾 :

  向左拐　往左拐

  微倾, 약간 기울다 (=倾一点儿)

B: 赶紧拭干了泪

- 赶紧, 赶快, 赶忙

例　1. 赶紧上车吧, 车要开了。(赶快　재빨리, 속히)

　　2. 妈妈一回家就赶紧做饭。(赶忙, 连忙　서둘러, 황급히)

4

我再向外看时, 他已抱了朱红的橘子望回走了。过铁道时, 他先将橘子散放在地上, 自己慢慢爬下, 再抱起橘子走。到这边时, 我赶紧去搀他。他和我走到车上, 将橘子一股脑儿放在我的皮大衣上。

내가 다시 밖을 내다 보았을 때 아버지는 이미 주홍색 귤을 품에 안고 돌아오고 계셨다. 철길을 지날 때 아버지는 먼저 귤을 땅에 던져 놓고 천천히 기어 내려서는 다시 귤을 안고 오셨다. 이쪽에 다다랐을 때 나는 재빨리 아버지를 부축했다. 아버지와 나는 차에 올라갔고, 귤을 몽땅내 가죽 코트에 놓으셨다.

A: 抱起橘子走

- 抱起 : '싸다, 모으다, 단결하다'의 의미를 갖는 동사 뒤에 방향보어 起(来)가 온다.

例　团结起　　结合起

B: 将橘子一股脑儿放在我的皮大衣上

- 一股脑儿 : 북방방언으로 通通의 뜻.

例　1. 他一兴奋，把不该说的话一股脑儿全告诉了这个陌生人。
　　2. 这位小姐把兜里剩下的零钱一股脑儿全给了那个乞丐。

5

于是扑扑衣上的泥土，心里很轻松似的，过一会说，"我走了；到那边来信！"我望着他走出去。他走了几步，回过头看见我，说，"进去吧，里边没人。"等他的背影混入来来往往的人里，再找不着了，我便进来坐下，我的眼泪又来了。

그리고서는 옷의 흙을 털면서 마음이 놓이신 듯 잠시 후 말씀하셨다. "이만 가보마. 도착하면 편지 쓰거라." 나는 아버지가 나가시는 것을 바라보았다. 아버지는 몇 걸음 채가시지도 않고 고개를 돌려 나를 보고 말씀하셨다. "들어가라. 안에 아무도 없잖냐." 아버지의 뒷모습이 오가는 사람들 속에 휩싸여 들어 더 이상 찾을 수 없게 되자 나는 차 안에 들어와 앉았다. 내 눈물이 다시 흘렀다.

A: 于是扑扑衣上的泥土

- 于是 : 두 가지 일이 긴밀하게 이어서 일어나는 것을 나타내며, 후자는 전자에 연유하여 야기된다. 就나 又가 동반된다.

例　1. 我看完了电影，时间还早，于是就到书店去看了看。
　　2. 他看到我有点儿不高兴，于是不再说下去了。

B: 等他的背影混入来来往往的人里，再找不着了

- 等 ~ 再 ~ : ~ 하고나서 ~ 하다.

例　问题太多，等他回来，再商量吧。

• 来来往往

例 大街上人群来来往往，好不热闹。

C: **我的眼泪又来了。**

• 又来了： 앞에서 언급한 사실이거나 습관적인 행동 등이 수시로 튀어나올 때 또 그러하다는 의미로 사용된다. 여기서는 (眼泪)又流下의 뜻이다.

例 又来了！叫你别往地上扔垃圾，你怎么还扔？

본문 읽기 (2)

원어민의 음성을 듣고 문장의 억양을 살려서 소리내어 읽어 봅시다.

近几年来，父亲和我都是东奔西走，家中光景是一日不如一日。他少年出外谋生，独力支持，做了许多大事。那知老境却如此颓唐！他触目伤怀，自然情不能自已。情郁于中，自然要发之于外；家庭琐屑便往往触他之怒。他待我渐渐不同往日。但最近两年的不见，他终于忘却我的不好，只是惦记着我，惦记着我的儿子。我北来后，他写了一信给我，信中说道，“我身体平安，惟膀子疼痛利害，举箸提笔，诸多不便，大约大去之期不远矣。”我读到此处，在晶莹的泪光中，又看见那肥胖的，青布棉袍，黑布马褂的背影。唉！我不知何时再能与他相见！

1925年 10月 于北京

단어장

东奔西走	dōngbēnxīzǒu	成 동분서주하다	동 东奔西跑
谋生	móushēng	动 생계를 도모하다	
老境	lǎojìng	名 노년기	
颓唐	tuítáng	形 기가 죽다	
触目伤怀	chùmùshānghuái	成 보기만 해도 몸서리치다	동 触目伤怀
郁	yù	动 맺히다, 쌓이다	
琐屑	suǒxiè	名 사소하고 잡다한	
惦记	diànjì	动 늘 생각하다. 염려하다	동 惦念
膀子	bǎngzi	名 <口>어깨	동 肩膀
箸	zhù	名 <方>젓가락	동 筷子
大去	dàqù	动 별세하다	동 婉辞, 去世
晶莹	jīngyíng	形 투명하게 반짝이다	

독해 연습 (2)

1

近几年来, 父亲和我都是东奔西走, 家中光景是一日不如一日。他少年出外谋生, 独力支持, 做了许多大事。

요 몇 년간 아버지와 나는 서로 몹시 바빴고, 집안 상황은 하루가 다르게 나빠졌다. 아버지는 어려서부터 객지로 나가 생계를 도모하셨고, 혼자 힘으로 지탱하시면서 많은 큰일들을 하셨다.

A: **东奔西走**

- 东~ 西~ : 서로 비슷한 두 개의 단음절 단어가 오며, 여기 저기서 ~하다의 뜻이다. 가운데에는 동사, 명사, 동목구 혹은 수량구가 온다.

例 东拼西凑 /东拉西扯 / 东看看西问问 / 东抄西抄

1. 不知他有什么事情, 走在马路上, 老是东张西望。

2. 他说话没有条理, 东一句西一句的。

3. 老祖母东拉西扯的, 讲了半天, 我还是不知道她到底要跟我说什么。

B: 家中光景是一日不如一日

- 一日不如一日 : 하루가 다르게 나빠지다. A不如B: A는 B만 못하다.

例 1. 经济情况一年不如一年。

2. 与其写死文, 不如说活话。

2

那知老境却如此颓唐！他触目伤怀, 自然情不能自已。情郁于中, 自然要发之于外；家庭琐屑便往往触他之怒。他待我渐渐不同往日。但最近两年的不见, 他终于忘却我的不好, 只是惦记着我, 惦记着我的儿子。

노년이 이렇게 참담할 줄은 어찌 알았겠는가! 아버지는 보이는 것마다 다 마음이 상하니, 당신도 어쩔 수 없어하시는 것 같았다. 마음이 괴로우니 밖으로 폭발하는 것은 당연하였고, 집안의 사소한 일들은 종종 아버지의 화를 자극하였다. 아버지가 나를 대하는 것도 차츰 옛날과 달라졌다. 하지만 최근 2년 동안 뵙지 못 하면서 아버지는 결국 나의 불효조차 잊으시고 다만 나를 그리워하시고, 또 나의 아들을 보고 싶어 하셨다.

A: 那知

- 哪知의 의미임.(=怎知)문장에서는 종종 哪를 那로 표기하는 경우가 있다.

B: 自然情不能自已

- 自然 :

1. 부사로서 어떤 상황의 발생이 합리적이고 규칙에 맞는 것을 나타낸다.

例 小李违反了交通规则, 自然要受到批评。

2. 명사로서 自然界、大自然의 뜻. 改造自然 / 自然科学

3. 형용사로서 자연스러운, 억지가 아닌. 态度自然 / 语调自然

- 情不能自已 : 감정을 억제할 수 없어서, 자신도 모르게 (= 情不自禁)

例 她情不能自已，涌出了眼泪。

C: **情郁于中，自然要发之于外**

- 郁：근심스럽다, 엉키다, 中：마음, 发：나타나다, 드러나다

例 情郁于中，发于外是人之常情。

3

我北来后，他写了一信给我，信中说道，“我身体平安，惟膀子疼痛利害，举箸提笔，诸多不便，大约大去之期不远矣。”我读到此处，在晶莹的泪光中，又看见那肥胖的，青布棉袍，黑布马褂的背影。唉！我不知何时再能与他相见！

내가 북경에 온 뒤로 아버지는 내게 편지 한 통을 쓰셨다. 편지에서 말씀하시기를, “나는 편안하다. 단지 어깨 통증이 심해서 젓가락을 들고 펜을 쥐는 것이 다 쉽지가 않구나. 아마 죽을 날이 멀지 않은 것 같구나.”라 하였다. 나는 여기까지 읽고는, 맑은 눈물방울 속에서 또 그 뚱뚱하고 청색 저고리에 검은색 마고자를 걸친 뒷모습을 보았다. 아, 언제 다시 아버지를 뵐 수 있을까!

A: **举箸提笔，诸多不便，大约大去之期不远矣。**

- 举箸提笔：举提箸笔의 의미

例 翻箱倒柜　移风易俗

- 大去之期：죽을 날
- 矣：어조사, 문장 끝에서 판단의 어기, 완료의 어기를 나타낸다.

연습하기

읽기연습

녹음을 들으며 다음의 문장을 유창하게 읽을 수 있도록 반복 연습해 봅시다.

1. 我说道, "爸爸, 你走吧。" 他望车外看了看, 说, "我买几个橘子去。你就在此地, 不要走动。" 我看那边月台的栅栏外有几个卖东西的等着顾客。

2. 我看见他戴着黑布小帽, 穿着黑布大马褂, 深青布棉袍, 蹒跚地走到铁道边, 慢慢探身下去, 尚不大难。

3. 回过头看见我, 说, "进去吧, 里边没人。" 等他的背影混入来来往往的人里, 再找不着了, 我便进来坐下, 我的眼泪又来了。

4. 我北来后, 他写了一信给我, 信中说道, "我身体平安, 惟膀子疼痛利害, 举箸提笔, 诸多不便, 大约大去之期不远矣。"

번역연습

다음 문장을 한국어로 번역해 봅시다.

1. 我看见他戴着黑布小帽，穿着黑布大马褂，深青布棉袍，蹒跚地走到铁道边，慢慢探身下去，尚不大难。

   번역 : (　　　　　　　　　　　　　　　　　　　　　　　　)

2. 过铁道时，他先将橘子散放在地上，自己慢慢爬下，再抱起橘子走。

   번역 : (　　　　　　　　　　　　　　　　　　　　　　　　)

3. 他少年出外谋生，独力支持，做了许多大事。那知老境却如此颓唐！

   번역 : (　　　　　　　　　　　　　　　　　　　　　　　　)

4. 我北来后，他写了一信给我，信中说道，“我身体平安，惟膀子疼痛利害，举箸提笔，诸多不便，大约大去之期不远矣。”

   번역 : (　　　　　　　　　　　　　　　　　　　　　　　　)

심화연습

본문을 듣고 내용에 근거해서 원어민의 질문에 중국어로 답해봅시다.

녹음을 잘 들어 보세요.

문제 1.

정답 : (   )

문제 2.

정답 : (   )

문제 3.

정답 : (   )

다음 문장에서 아버지 뒷모습을 보면서 묘사한 것은 무엇입니까?

문제 3. 我看见他戴着黑布小帽, 穿着黑布大马褂, 深青布棉袍, 蹒跚地走到铁道边, 慢慢探身下去, 尚不大难。

① 外貌, 心理　　② 动作, 语言

③ 外貌, 动作　　④ 语言, 心理

문제 5. 다음 문장의 괄호 안에 들어갈 알맞은 단어를 〈보기〉에서 고르시오.

〈보기〉: 探 穿 攀 戴 缩

可是他(1)过铁道, 要爬上那边月台, 就不容易了。他用两手(2)着上面, 两脚再向上(3) ; 他肥胖的身子向左微倾 显出努力的样子。

학습 마무리

1. 본 과에서 학습한 내용정리

본 문은 작가가 아버지와 상경하는 과정에서 일어난 작은 사건을 통하여 아들에 대한 아버지의 사랑을 깊이 느끼게 하는 대목입니다. 또한 그 사건 속에서 묘사된 아버지의 과묵하고도 자상한 인물 형상을 잘 포착하여야 합니다.
작가는 전체 작품을 통하여 어느 한 순간 목격했던 아버지의 뒷모습을 네가지 각각 다른 상황에서 회상하며 아버지를 그리워하였는데, 이 부분도 잘 살펴보도록 합시다.

2. 작품의 대강

전체 작품은 어느 한 사건에 집중되면서 그것을 여러 상황으로 나누어 회상하는 형식을 취하고 있습니다. 이를 네 단락으로 나누어 보도록 합니다.

첫째 단락은 과거 뒷모습에 대한 회상
둘째 단락은 아버지의 뒷모습을 보게 된 동기
셋째 단락은 귤을 사기위해 철길을 기어오르시던 뒷모습을 목격
넷째 단락은 아버지와 이별 후의 그리움과 과거 일을 회상함.

3. 작품의 주제

通过描写父亲的背影，于叙事中表现了父亲疼爱儿子，儿子怜爱父亲，父子情深。

MEMO

11

阿Q正传序 (1)

들어가면서…

《阿Q正传》은 1921년 신보에 연재된 노신(鲁迅)의 소설로서, 본 과에서는 그 서문을 학습하며 이런 문장을 서발문 형식의 산문이라 한다.

《阿Q正传》은 신해혁명을 배경으로 하여 농촌의 한 날품팔이인 아큐의 일생을 그리고 있는데, 아큐라는 인물의 형상을 통해서 중국사회에 만연하고 있는 실속없는 자존심과 약자에게 무자비하고 강자에게 비굴한 노예근성을 꼬집어 풍자하고 있다.

본 과에서 작품의 서문을 함께 읽으면서, 노신이 이 소설을 쓰게 된 동기와 제목을 결정하기까지 고민했던 몇가지 점을 살펴보도록 하자.

학습포인트

1. 서발문의 형식 이해
2. 문언적 표현
3. 인물, 전고, 사건에 대한 이해

鲁迅 (1881~1936)

작가소개 …

중국문학가, 사상가, 혁명가, 교육자. 본명은 주수인(周樹人), 字는 예재(豫才), 1881년 절강성 소흥의 한 봉건 가정에서 태어났다. 청년기에 진화론, 니체의 초인(超人)철학과 톨스토이의 박애 사상에 영향을 받았다. 1902년 일본으로 유학을 떠나 센다이 의학전문학교(仙臺醫學專門學校)에 입학하였으나 후에 문예 창작 활동에 종사하며 국민의 정신을 일깨우기를 희망하였다.

1905년부터 1907년까지 혁명당 활동에 참가하였으며, 이 기간 동안 고국으로 돌아와 주안(朱安)과 결혼하였다. 1909년에는 동생 주작인(周作人)과 함께 ≪역외소설집(域外小說集)≫을 공역함으로써 외국문학을 소개하였다. 귀국후 항주와 소흥에서 교직생활을 하였고, 신해혁명(辛亥革命) 이후 남경임시정부와 북경 교육부 위원으로 활동하면서 북경대학과 여자사범대학교에서 강의하였다.

1918년 5월, 처음으로 "鲁迅"이라는 필명으로 중국 현대 문학사상 최초의 백화소설인 ≪광인일기(狂人日记)≫를 출간하여 신문학 운동의 주춧돌을 놓았다. 5·4운동을 전후로 ≪新青年≫ 잡지 편집에 참가하며 5·4신문화 운동의 주요 인물로 활동하였다. 1918~1926년은 소설집 ≪눌함(呐喊)≫, ≪방황(彷徨)≫, 논문집 ≪분(坟)≫, 산문시집 ≪야초(野草)≫, 산문집 ≪조화석습(朝花夕拾)≫, 잡문집 ≪열풍(热风)≫, ≪화개집(华盖集)≫, ≪화개집속편(华盖集续编)≫ 등을 잇달아 발표하였다. 그 중, 1921년 12월에 巴人이라는 필명으로 발표한 ≪阿Q正传≫은 중국 현대 문학사상 불후의 명작으로 꼽힌다. 1926년 8월에는 북경 학생 애국 운동을 지지하다가 북양군벌 정부의 수배를 받아 남하하여 하문대학(廈門大學)과 중산대학(中山大學)에서 교편을 잡았다. 1930년부터 중국자유운동동맹, 중국좌익작가연맹, 중국민권보장동맹 등에 참가하면서 국민당 정부의 독재통치와 정부의 박해에 맞섰다. 1927~1936년까지 역사 소설집 속의 대부분의 작품과 대량의 잡문을 창작하였다. 1936년 폐결핵으로 상해에서 사망하였다.

≪노신전집(鲁迅全集)≫ (20권, 1938) ≪노신전집(鲁迅全集)≫ (10권, 1956~1958), ≪노신일기(鲁迅日记)≫ (2권), ≪노신서신집(鲁迅书信集)≫이 간행되었다. 북경, 상해, 소홍, 광주, 하문 등에 노신박물관과 기념관이 설립되었다. 소설≪축복(祝福)≫, ≪아큐정전(阿Q正传)≫,≪약(藥)≫은 영화로 제작되기도 하였다. 노신의 작품은 세계 문학의 보고이며 영어, 일본어, 러시아어, 서반아어, 프랑스어, 독일어, 아랍어 등 50여 국가의 언어로 번역되었다.

본문 읽기 (1)

원어민의 음성을 듣고 문장의 억양을 살려서 소리내어 읽어 봅시다.

第一章 序

我要给阿Q做正传，已经不止一两年了。但一面要做，一面又往回想，这足见我不是一个“立言”的人，因为从来不朽之笔，须传不朽之人，于是人以文传，文以人传——究竟谁靠谁传，渐渐的不甚了然起来，而终于归结到传阿Q，仿佛思想里有鬼似的。然而要做这一篇速朽的文章，才下笔，便感到万分的困难了。

第一是文章的名目。孔子曰，“名不正则言不顺”。这原是应该极注意的。传的名目很繁多：列传，自传，内传，外传，别传，家传，小传……，而可惜都不合。“列传”么，这一篇并非和许多阔人排在“正史”里；“自传”么，我又并非就是阿Q。说是“外传”，“内传”在那里呢？倘用“内传”，阿Q又决不是神仙。“别传”呢，阿Q实在未曾有大总统上谕宣付国史馆立“本传”——虽说英国正史上并无“博徒列传”，而文豪迭更司也做过《博徒别传》这一部书，但文豪则可，在我辈却不可。

단어장

传	zhuàn	名	전기(傳記)	
立言	lìyán	动	후세에 모범이 될 만한 훌륭한 말을 하다. 옛날 중국에서 말한 소위 「三不朽」 중의 하나	
不朽	bùxiǔ	形	불후하다, 영구하다	
不甚	bùshèn	形	<义>그다지~하지 않다	동 不很
了然	liǎorán	形	뚜렷하다, 분명하다	동 瞭然
速朽	sùxiǔ		금방 썩어 없어지다	
名目	míngmù	名	(사물의) 명칭	
阔人	kuòrén	名	영웅, 위인	동 伟人
上谕	shàngyù	名	조서, 조칙	
宣付	xuānfù	动	임금의 명령으로 넘기다(주다)	
迭更司	Diégēngsī	名	영국의 문호 찰스 디킨즈(Charles Dickiens ; 1812~1870)	

독해 연습 (1)

1

我要给阿Q做正传, 已经不止一两年了。但一面要做, 一面又往回想, 这足见我不是一个"立言"的人, 因为从来不朽之笔, 须传不朽之人, 于是人以文传, 文以人传——究竟谁靠谁传, 渐渐的不甚了然起来, 而终于归结到传阿Q, 仿佛思想里有鬼似的。然而要做这一篇速朽的文章, 才下笔, 便感到万分的困难了。

내가 아큐를 위하여 정전을 쓰려고 한 것은 일 이 년 전부터의 일이 아니었다. 그런데, 쓰려고 하면서도 한편으로 돌이켜 생각해보면, 이것은 내가 명언을 남길 사람이 아님을 잘 보여준다. 그 이유는 예로부터 불후의 문장은 반드시 불후의 인간을 전하는 것이고, 그리하여 사람은 문장에 의해 전해지고, 문장은 사람에 의해 전해지는 것이라, 도대체 누가 누구에 의해서 전해진다는 것인지 점점 모호해져서, 결국 아큐의 이야기를 전한다는 것에 생각이 미치자, 마치 생각이 귀신에게라도 홀린 듯하다. 그런데 금새 사그라져 버릴 이 글을 쓰려고 이제 펜을 드니 많은 어려움을 느낀다.

A: 因为从来不朽之笔, 须传不朽之人

- 朽 : (나무 따위가) 섞다. 부패하다.
- 不朽 : ~ 사업이나 명성이 길이 후세에 남다.

例 1. 生命是可以不朽的,当然不是肉体的不朽 — 肉体是可以速朽的 — 不朽的只能是人格与思想的不朽。

2. 立德、立功、立言 : 三不朽

B: **人以文传, 文以人传** : 사람은 문장으로, 문장은 사람에 의해 전해진다.

C: 究竟谁靠谁传

- 靠 : 의지하다, 의거하다. ...에 달려있다

例 1. 靠什么过日子?

2. 学习全靠自己的努力。

D: **渐渐的不甚了然起来,**

- 不甚 : 그다지, 대단하지 않은

例 例听到他那一句话, 甚为痛快。

- 了然 : 분명하다. 확실하다.

例 1. 一目了然

2. 真相如何, 我也不大了然。

E: **而终于归结到传阿Q**

- 归结 : 결말, 매듭짓다.

例 原因很复杂, 归结起来不外三个方面。

F: **有鬼似的,**

- 像被鬼附的의 의미임.

G: **然而要做这一篇速朽的文章, 才下笔**

- 然而 : 그러나, 그런데, 그렇지만

例 虽然多次失败, 然而他们并不灰心。

- 速朽 : 앞의 不朽에 비견한 표현, 즉 立言할 만한 문장은 문언문이어야 하겠지만, 작가 자신은 백화 제창자이므로 이 작품을 速朽하리라 보았다.
- 才 : 일이나 동작이 이제 곧 발생했음을 나타낼 때 才를 쓴다.
- 下笔 : 下는 사용하다. (동작하기 위해 ~을)대다, 들다, 动笔와 같은 의미.
  下手　下筷子　下笔　下刀

2

第一是文章的名目。孔子曰，“名不正则言不顺”。这原是应该极注意的。传的名目很繁多：列传，自传，内传，外传，别传，家传，小传……，而可惜都不合。

첫째로, 이 글의 명칭이다. 공자 말씀에 “이름이 바르지 못하면 말이 순조롭지 못하다.” 라고 했듯이 이는 본디 대단한 주의를 기울여야 할 것이다. 전기의 명칭은 매우 많다. 열전(列傳), 자전(自傳), 내전(內傳), 외전(外傳), 별전(別傳), 가전(家傳), 소전(小傳)……. 하지만 안타깝게도 모두 합당하지 않다.

A: “名不正则言不顺”

출처: 《论语·子路》: “君子于其所不知盖阙如也。 名不正则言不顺，言不顺事不成...”

- 名正言顺 : 명분이 정당하면 말도 이치에 맞는다. 곧, 정치를 하는데 먼저 이름을 바르게 해야 한다는 공자의 命名法을 말함.

例 让你办这件事，是名正言顺。

B: 列传，自传，内传，外传，别传，家传，小传

列传 : 열전. 기전체(纪传体)의 역사서에서 일반 인물의 전기. 사마천(司马迁)의 《史记》에서 비롯된 역사 기술의 방법으로, 열전 형식에 의해서 기술한 것.

自传 : 자서전. 자기가 쓴 자기의 전기.

内传 : 인물이 세상에알려진 이야기나 드러나지 않은 사실에 관한 전기소설의 일종.

外传 : 본전(本传)에 빠진 부분을 따로 기록한 전기. 정사(正史) 이외의 전기.

别传 : 별전. 정사의 열전(列传) 이외에 쓰여진 개인의 전기 또는 일사, 기문을 소설적으로 써 놓은 것.

家传 : 가전. 한 집안의 전기(传记).

小传 : 소전, 약전. 간략한 전기(传记).

3

"列传"么，这一篇并非和许多阔人排在"正史"里；"自传"么，我又并非就是阿Q。说是"外传"，"内传"在那里呢？倘用"内传"，阿Q又决不是神仙。

'열전'이라고 하자니 이 글은 결코 수많은위인들과 더불어 '정사(正史)' 속에 들어가지는 못한다. '자전'이라고 하자니 또한 나는 결코 아큐가 아니다. '외전'이라고 말한다면 '내전'은 어디에 있는가? 만약 '내전'이라고 한다 해도 아큐는 결코 신선이 아니다.

A: 这一篇并非和许多阔人排在"正史"里

- 并非：并不是 결코 ...이/가 아니다, 결코 ...하지 않다.

例 这并不是(并非)我的错。

- 阔人：부자. 유복한 사람.

B: 倘用"内传"，阿Q又决不是神仙。

- 倘：倘若 만약(만일, 가령)...한다면.

例 你倘若不信，就亲自去看看吧。

- 决：결코. 절대로. (항상 부정문에 사용되고 부정사 앞에 위치한다.)
  决不退缩：결코 움츠러들지 않다.

例 1. 天还下大雨，他决不会回来了。
2. 他答应爱人喝酒后决不开车。

4

"别传"呢，阿Q实在未曾有大总统上谕宣付国史馆立"本传"——虽说英国正史上并无"博徒列传"，而文豪迭更司也做过《博徒别传》这一部书，但文豪则可，在我辈却不可。

'별전'은 어떤가? 아큐는 사실 일찍이 대통령의 칙서가 국사관에 아큐의 본전(本傳)을 세우라 명한 적도 없다. 비록 영국의 '정사'에는 결코 「Rodneystone 열전(박도별전-博徒別傳)」이라는 것이 없는데도, 문호 디킨즈도 「Rodney stone 열전」을 쓴 적이 있다고 말하지만, 그러나 대문호이기에 가능했던 것이고, 나 따위에게는 오히려 불가능한 일이다.)

A: 阿Q实在未曾有大总统上谕宣付国史馆立 "本传"

- 未曾有 : 일찍이 ~한 적이 없다.

例 1. 历史上未曾有过的奇迹。

2. 他未曾有这样的感觉和经验, 所以显得不知所措。

- 大总统 : 신해혁명후 청 황제의퇴위를 강요한 원세개가 1912년 민국의 초대 대통령이 된 것을 이름.
- 上谕 : 천자의 조서

B: 而文豪迭更司也做过 《博徒别传》 这 一部书

- ≪博徒别传≫

  영국 소설가 코난도일의 「Rodney Stone」을 문언문 제창자인 林纾가 번역한 것이고, 그 서명을 '博徒别传'이라 붙였다. 본문에서 이를 문호 디킨즈 작이라 한 것은 잘못되었다고 후일 작가가 밝혔다.

  본문에서 '文豪则可'라 한 것은 디킨즈를 가리킨 것이라기 보다는 별전이라는 이름을 붙인 林纾에 대한 야유임.
- 迭更司 Charles(John Huffam) Dickens (1812～1870) 19세기 영국 소설가

C: 在我辈却不可

我辈 우리연배. 또래. 我这辈子 내 평생

본문 읽기 (2)

원어민의 음성을 듣고 문장의 억양을 살려서 소리내어 읽어 봅시다.

其次是"家传", 则我既不知与阿Q是否同宗, 也未曾受他子孙的拜托 ; 或"小传", 则阿Q又更无别的"大传"了。总而言之, 这一篇也便是"本传", 但从我的文章着想, 因为文体卑下, 是"引车卖浆者流"所用的

话，所以不敢僭称，便从不入三教九流的小说家所谓"闲话休题言归正传"这一句套话里，取出"正传"两个字来，作为名目，即使与古人所撰《书法正传》的"正传"字面上很相混，也顾不得了。(第二 생략)

第三，我又不知道阿Q的名字是怎么写的。他活着的时候，人都叫他阿 Quei，死了以后，便没有一个人再叫阿 Quei 了，那里还会有"著之竹帛"的事。若论"著之竹帛"，这篇文章要算第一次，所以先遇着了这第一个难关。我曾仔细想：阿 Quei，阿桂还是阿贵呢？

단어장

同宗	tóngzōng	名 동성동본	동 同族
着想	zhuóxiǎng	动 고려하다, 염두에 두다	
卑下	bēixià	形 (품격이)낮다, (지위가)낮다	동 卑陋 반 高贵
僭称	jiànchēng	动 감히~라 부르다.	
撰	zhuàn	动 글을 짓다. 저술하다.	
书法正传	shūfǎzhèngchuán	清·馮武(풍무)가 쓴 書藝에 관한 책 이름	
混	hùn	动 혼합하다, 뒤섞다	
著之竹帛	zhùzhīzhúbó	成 사실을 기록으로 남겨 후세에 전하다	동 著之书帛 著于竹帛

독해 연습 (2)

1

其次是"家传"，则我既不知与阿Q是否同宗，也未曾受他子孙的拜托；或"小传"，则阿Q又更无别的"大传"了。

다음으로 '가전'인데 나는 아큐와 종씨인지 아닌지 모를 뿐 만 아니라 여태껏 그의 자손들로부터 부탁을 받은 적도 없다. 또 '소전'이라 하자니 더우기 아큐에게는 또한 별도로 '대전'이라는 것도 없다.

A: 则我既不知与阿Q是否同宗，也未曾受他子孙的拜托

- 既 …할 뿐 아니라. … 뿐더러. … 이며. … 하고도. ‘且’, ‘又’, ‘也’ 등의 부사와 같이 호응하여, 두 개의 성질 또는 상태가 병존하는 것을 나타냄.

例 1. 学习一种外语，既要练习听和读，也要练习说和写。

2. 作为一位优秀的教师既要言教也要身教。

- 未曾 : 未偿~,　从来不~,　没有~过

例 这样的菜，未曾吃过。

B: 则阿Q又更无别的"大传"了

- 则 : …하면…하다. 인과 관계나 조건을 표시함.

例 1. 不战则已，战则必胜。

2. 少则几年，多则几十年。

2

总而言之，这一篇也便是"本传"，但从我的文章着想，因为文体卑下，是"引车卖浆者流"所用的话，所以不敢僭称，便从不入三教九流的小说家所谓"闲话休题言归正传"这一句套话里，取出"正传"两个字来，作为名目，即使与古人所撰《书法正传》的"正传"字面上很相混，也顾不得了。

종합해서 말한다면 이 글은 역시 ‘본전’이 되지만, 나의 글을 놓고 생각해보면 문체가 속되고, 행상꾼들이나 쓰는 말이어서, 감히 칭하기에는 어림도 없고, 삼교구류(三教九流)에도 들지 못하는 소설가의 소위 ‘이야기가 본론으로 들어가다.’라는 상투적인 말에서 ‘정전’이라는 두 글자를 취해서 명칭으로 삼으니, 가령 옛 사람이 편찬한 《서법정전(書法正傳)》의 ‘정전’이라는 글자가 서로 혼동된다 하여도, 거기까지 고려할 겨를이 없다.

A: 总而言之: 총괄적으로 말하면. 요컨대. 总之，总的来说

例 总而言之，要主动，不要被动。

B: 着想 : zhuó xiǎng(사람이나 일의 이익을)고려하다. 생각이 미치다.

C: "引车卖浆者流"

수레를 끌고 다니며 음료수 따위를 파는 행상꾼 부류들. (당시 북경대학을 중심으로 일어난 백화문학 제창에 대항하여 복고주의자인 林纾가 북경대 총장인 蔡元培에게 보낸 공개서한에 사용한 문구, 즉 백화, 입말체의 문장을 매도한 말.)

- 浆 : 진한(걸쭉한) 액체.
  豆浆, 泥浆 糖浆
- 流 : 부류, 유파, 등급, 품위. ~类 ~种
  汉奸之流 매국노족속

D: 三教九流的小说家所谓"闲话休题言归正传"这一句套话

- 三教九流 :

三教는 儒, 佛, 道를 가리킨다. 九流는 ≪汉书·艺文志≫에 儒家者类、道家者类、阴阳家者类、法家者类、明家者类、墨家者类、纵横家者类、杂家者类、农家者类、小说家者类의 十家를 기술하고, 이중 앞의 九家만 볼만하다고 하여 소설가를 경시한 것을 말하는데, 작가는 이런 관점에 불만을 토로한 것임.

일반적으로 종교, 학술 중 각종 유파 또는 사회에서의 각종 업종을 가리킬 뿐만 아니라, 세상의 각양각색의 사람을 가리키기도 함.

例 1. 三教九流, 无所不晓。
2. 他的朋友很多, 三教九流、各行各业的人都有。

- 休: 정지하다. 그만두다. 끝나다.
  争论不休 问个不休
  休想 생각(망상)하지 마라. 단념하라.

- 言归正传: 이야기가 본론으로 들어가다. 평화(评话)나 소설 따위에 쓰

이는 상투어.

例 说了半天，言归正传，你到底买不买？

E: 即使与古人所撰≪书法正传≫的"正传"字面上很相混，也顾不得了。

• 即使 ~也 ~: 설령(설사)… 하더라도

가정의 양보문, 아직 실현되지 않았거나 사실과 상반되는 상황을 나타낼 때 사용하는 양보구문이며, 종속절은 대개 '就是', '即使', '纵然', '不怕', '哪怕', '任凭'등의 부사가 이끌며, 이 때 뒤의 주절에는 언제나 '也'나 '还'가 호응한다.

例 1. 即使明天下雨，我们也要去长城。

2. 就是我有错处，也不至于挨骂。

3. 纵然吃些苦，也甘心愿意。

• ≪书法正传≫:

清 冯武가 쓴 서예에 관한 책. 여기서 正传은 '정확한 전수'라는 뜻이므로 传을 chuán으로 읽어야한다.

3

第三，我又不知道阿Q的名字是怎么写的。他活着的时候，人都叫他阿Quei，死了以后，便没有一个人再叫阿Quei了，那里还会有"著之竹帛"的事。

셋째로, 나는 또 아큐의 이름을 어떻게 쓰는 것인지 모르겠다. 그가 살아 있을 때 사람들은 그를 아쿠이(아Quei)라고 불렀지만, 죽은 뒤에는 아무도 아큐라 부르는 사람은 아무도 없었으니, 어떻게 '어떤 사실을 기록으로 남겨 후세에 전한다.'는 일이 또 있을수 있겠는가?

A: 活着的时候，死了以后

• 活着，死了：

중국어의 동사는 뒤에 '着'를 붙일 수 있는지 여부에 따라 지속성 동사와 비지속성 동사로 나눌 수 있다.

1. 지속성 동사;

1) 低, 躺, 坐, 站, 抱, 等, 活, 放, 存, 摆, 挂, 穿 ...(着를 붙여 지속을 나타냄)

2) 穿, 带, 放, 摆, 开, 填, 挂, 写, 留, 藏, 印, ...(着를 붙여 동작을받는 대상이 동작 실현 후 특정장소에 부착 혹은 남아 있는 것을 나타냄)

3) 学, 看, 走, 说, 想, ...(着를 붙여 진행을 나타낸다.)

例 1. 老師站着讲课, 学生坐着听。

2. 桌子上没(有)放着几本书。

2. 비지속성 동사; 懂, 在, 死, 知道, 结婚, 毕业, 忘, 去, 来, 认识, ...

例 我们结婚五年了。

B: 那里还会有 "著之竹帛" 的事

• 那里 : 여기서는 '哪里'로 쓰임. 반어문(反语文)에 쓰여 부정적 의미를 표시한다.

例 昨天我哪里出门了, 我病了一天。

• 著之～ : (책을) 저술하다.

• 竹帛 죽간(竹简)과 견직물(布帛)

출처 : ≪吕氏春秋≫ : "著乎竹帛, 传乎后世"

例 功垂竹帛: 공적이 서적(역사)에 길이 남다.

4

若论 "著之竹 帛", 这篇文章要算第一次, 所以先遇着了这第一个难矣。我曾仔细想 : 阿 Quei, 阿桂 还是阿贵呢 ?

만약 역사에 이름을 기록한다는 것을 논하자면 이 글이 최초가 되어서 첫 번째 난관에 부딪치게 된 것이다. 나는 일찍이 곰곰이 생각해 본 적이 있다. 아쿠이가 아꾸이(**阿桂**)나 아꾸이(**阿貴**)가 아닌가 하고.

A: 先遇着了这第一个难关

- 遇着 : 着는 결과보어.

  遇雨 비를 만나다. 不期而遇 약속하지 않았는데 (뜻밖에)만나다.

  百年不遇 좀처럼 못 만나다.

- 难关: 난관. 곤란. 渡过难关: 난관을 뛰어 넘다.

例 让我们共同努力渡过这个难关。

B: 阿桂还是阿贵呢？

- 阿 : 항렬이나 아명, 혹은 성(姓) 앞에 쓰여 친밀한 뜻을 나타낸다. 남방에서 아이들 이름앞에 붙이는 접두사로 쓰인다.

  阿宝 귀염둥이. 阿唐 당씨.

- A 还是 B 呢？

~呢는 선택식 의문문의 끝에 붙어 의논의 어기를 나타내며, 어기를 완화시키는 작용을 한다.

例 你喝茶还是咖啡呢？ 你喝茶呢, 还是咖啡呢?

연습하기

읽기 연습

다음의 문장을 유창하게 읽을 수 있도록 반복 연습하기 바랍니다.

1. 但一面要做, 一面又往回想, 这足见我不是一个“立言”的人, 因为从来不朽之笔, 须传不朽之人, 于是人以文传, 文以人传——究竟 谁靠谁传, 渐渐的不甚了然起来, 而终于归结到传阿Q, 仿佛思想里有鬼似的。

2. 第一是文章的名目。孔子 曰, “名不正则言不顺”。这原是应该极注意的。传的名目很繁多 : 列传, 自传, 内传 , 外传, 别传, 家传, 小传……, 而可惜都不合。

3. 其次是 “家传”, 则我既不知与阿Q是否同宗, 也未 曾受他子孙的拜托 ; 或 “小传”, 则阿Q又更无别的 “大传” 了。

4. 那里还会有“著之竹帛”的事。若论“著之竹 帛”, 这篇文章要算第一次, 所以先遇着了这第一个难关。

번역 연습

다음 문장을 한국어로 번역해 봅시다.

1. 这足见我不是一 个“立言”的人, 因为从来不朽之笔, 须传不朽之人, 于是人以文传，文以人传——究竟 谁靠谁传，渐渐的不甚了然起来，而终于归接到传阿Q，仿佛思想里有鬼似的。

번역 : (   )

2. “列传”么，这一篇并非和许多阔人排 在“正史”里；“自传”么，我又并非就是阿Q。

번역 : (   )

3. “别传”呢，阿Q实在未曾有大总统上谕宣付国史馆立 “本传”——虽说英国正史上并无“博徒列传”，而文豪迭更司也做过《博徒别传》这 一部书，但文豪则可，在我辈却不可。

번역 : (   )

4. 其次是“家传”，则我既不知与阿Q是否同宗，也未 曾受他子孙的拜托；或“小传”，则阿Q又更无别的“大传”了。

번역 : (   )

심화연습

본문을 듣고 내용에 근거해서 원어민의 질문에 중국어로 답해봅시다.

녹음을 잘 들어 보세요

문제 1.

정답 : (   )

문제 2.

정답 : (   )

문제 3.

정답 : (   )

문제 4. **다음 밑줄 친 낱말과 같은 의미의 것을 고르시오**

这一篇并非和许多阔人排在"正史"里；"自传"么，我又并非就是阿Q。

① 小人　② 俗人　③ 伟人　④ 凡人

문제 5. **〈보기〉 에서 다음 문장의괄호 안에 들어갈 알맞은 낱말을 고르시오**

〈보기〉 着想，即将，同宗，同事，总而言之，着恼，总其大成，三教九流，三街两巷，即使

其次是"家传"，则我既不知与阿Q是否(1)，也未 曾受他子孙的拜托；或"小传"，则阿Q又更无别的"大传"了。(2)，这一篇也便是"本传"，但从我的文章(3)，因为文体卑下，是"引车卖浆者流"所用的话，所以不敢 僭称，便从不入(4)的小说家所谓"闲话休题言归正传"这一句套话里，取出"正传"两个字来，作为名目，(5)与古人所撰《书法正传》的"正传"字面上很相混，也顾不得了。

학습 마무리

본 과에서 학습한 내용을 정리해 봅시다.

≪아Q정전(阿Q正传)≫의 서문은 크게 네 항목으로 나누어 설명하고 있는데, 본 과에서는 그 중 작가가 아큐에 대한 전기를 쓰는데 있어서 첫 번째 항목인 글의 성격을 정하는 일, 즉 정전이라고 할 수밖에 없었던 이유를 중심으로 실례를 들면서 논리적으로 설명해 나가고 있습니다.
우리는 본문 학습을 통해 많은 문언적인 표현을 접할 수 있는데, 이런 형태는 전형적인 반문반백의 표현이며 중국인에게도 난해한 수준의 글이라고 할수 있습니다.
그러므로 인용한 전고나 인물, 사건등에 대한 사전 이해가 있어야 하며, 다음으로 문장을 해석하면서 작가의 의도와 주제를 분명하게 파악할 수 있어야 합니다.
학습의 양이 많고 내용이 다소 어려우나 주석을 참고로 차근차근 다시 해석해 봅시다.

12

阿Q正传序 (2)

학습포인트

1. 풍자적 비유에 대한 내용파악
2. 문언적 표현
3. 인물, 전고, 사건에 대한 이해

본문 읽기 (1)

원어민의 음성을 듣고 문장의 억양을 살려서 소리내어 읽어 봅시다.

倘使他号月亭，或者在八月间做过生日，那一定是阿桂了；而他既没有号——也许有号，只是没有人知道他，——又未尝散过生日征文的帖子：写作阿桂，是武断的。/又倘使他有一位老兄或令弟叫阿富，那一定是阿贵了；而他又只是一个人：写作阿贵，也没有佐证的。其余音Quei的偏僻字样，更加凑不上了。先前，我也曾问过赵太爷的儿子茂才先生，谁料博雅如此公，竟也茫然，但据结论说，是因为陈独秀办了《新青年》提倡洋字，所以国粹沦亡，无可查考了。我的最后的手段，只有托一个同乡去查阿Q犯事的案卷，八个月之后才有回信，说案卷里并无与阿Quei的声音相近的人。我虽不知道是真没有，还是没有查，然而也再没有别的方法了。生怕注音字母还未通行，只好用了“洋字”，照英国流行的拼法写他为阿Quei，略作阿Q。这近于盲从《新青年》，自己也很抱歉，但茂才公尚且不知，我还有什么好办法呢。

단어장

倘使	tǎngshǐ	连 만약~한다면	동 倘若
未尝	wèicháng	副 일찍이~한 적이 없다	
武断	wǔduàn	名 무단, 독단	
偏僻	piānpì	形 편벽되다	
凑不上	còubushàng	잘 어울리지 않다	
茂才	màocái	名 縣學(현학)에 입학한 生員	동 秀才
博雅	bóyǎ	形 학문이 넓고 고상하다	
茫然	mángrán	形 무지하다, 멍청하다	
陈独秀	Chéndúxiù	名 현대 중국의 사상가·정치가·문학 평론가(1879~1940)	
国粹	guócuì	名 국수, 한 국가·민족에게 고유한 문화의 정화	

단어장

沦亡	lúnwáng	动 함락하다, 멸망하다	
生怕	shēngpà	副 아마도, 십중팔구는	동 八成, 大半
注音字母	zhùyīnzìmǔ	名 주음부호, 한자의 표음 부호	

독해 연습 (1)

1

倘使他号月亭, 或者在八月间做过生日, 那一定是阿桂了；而他既没有号—— 也许有号, 只是没有人知道他, ——又未尝散过生日征文的帖子：写作阿桂, 是武断的。

만일 그의 호(號)가 위에팅(月亭)이거나, 또는 팔월 중 그의 생일을 지낸다면 그렇다면 분명 아꾸이(阿桂)이다. 그렇지만 그에게는 호가 없을 뿐 아니라 있다 하더라도 아는 사람이 없다. 또 생일축하 시문을 구하는 초대장을 뿌린 적도 없으니까 아꾸이(阿桂)로 쓰는 것은 독단일 것이다.

A: 而他既没有号

- 号 : 이전 사람들은 본명 이외에 여러가지 이름을 가지고 있는데, 어릴 때는 子가 있고 그 외에 号를 가진다. 사람에 따라 여러 개의 号를 가질 수 있다.

例
1. 孔明是诸葛亮的号。
2. 温庭筠, 本名岐, 一名庭云, 子飞卿, 庭筠才思艳丽, 每入试, 押官韵作赋, 凡八叉手而韵成, 时号‘温八叉’。

B: 又未尝散过生日征文的帖子

- 未尝 : 일찍이 ... 한 적이 없다.

例 整夜未尝合眼。

- 散(sàn) : 뿌리다. 나누어주다. 퍼지다.

• 生日征文的帖子 :

생일에 초청받은 사람은 당사자를 칭찬하는 내용의 축하시문을 써가지고 가는 풍습.

2

又倘使他有一位老兄或令弟叫阿富，那一定是阿贵了；而他又只是一个人：写作阿贵，也没有佐证的。其余音 Quei 的偏僻字样，更加凑不上了。

또 만약 그에게 아푸(阿富)라고 불리는 형이나 동생이 있었다면 분명 아꾸이(阿貴)가 맞지만, 그는 단지 혼자였기 때문에 아꾸이(阿貴)라 쓰는 것도 근거가 없다. 이밖에 Quei로 발음되는 생소한 글자들은 더욱 맞아 떨어지지 않는다.

A: 倘使他有一位老兄或令弟叫阿富

• 老 : 접두사. 호칭. (형제, 자매의순서, 이름 앞에 쓰임).

老金 : 김형, 김씨.   你是老几？ 당신은 (항렬이) 몇 째입니까?

• 令 : 접두사. 상대방의 가족이나 친지를 높여 부를 때 사용한다.

令爱 : 영애. 따님. 令郎 : 영란. 아드님. 令尊 : (당신의) 아버님.

例 今不修身，而求令名于世者，犹容貌甚恶而责美影于镜也。

B: 其余音 Quei 的偏僻字样

• 偏僻 : 여기는 생소하다는 뜻이다.

곧 같은 발음의 瑰、刽、跪 등의 글자는 이름자로는 생소하다

C: 更加凑不上了

• 更加 : 愈加, 益加

• 凑上 : 모으다, 접근하다.

例 1. 凑足了人数。

2. 我们凑钱买了一台电脑。

3

先前，我也曾问过赵太爷的儿子茂才先生，谁料博雅如此公，竟也茫然，但据结论说，是因为陈独秀办了《新青年》提倡洋字，所以国粹沦亡，无可查考了。我的最后的手段，只有托一个同乡去查阿Q犯事的案卷，八个月之后才有回信，说案卷里并无与阿Quei的声音相近的人。

이전에 나는 자오(趙) 영감의 아들인 무재(茂才) 선생에게도 물어본 적이 있는데, 그렇게 박식하신 분도 막막해 하실 줄은 누가 예상했으랴! 그러나, 결론적으로 말하자면 이것은 진독수(陳獨秀)의 ≪신청년 (新靑年)≫에서 서양 문자를 쓰자는 주장을 내세웠기 때문에, 국수(國粹)적인 것이 소실되어 조사할 길이 없다. 나의 최후의 수단은 단지 한 고향 사람에게 아큐의 범죄 조서를 찾아봐 달라고 부탁하는 것이었다. 8개월 후에야 회신이 왔고, 조서에는 아Quei라는 발음과 비슷한 사람이 결코 없다는 것이었다.

A: 茂才，秀才

东汉때 光武帝의 이름인 刘秀를 避讳하여, 秀才를 茂才라 불렀다. 여기서는 이런 사실을 잘 모르는 일반사람들에 대해 잘난척하여 茂才와 같은 典故 쓰기를 좋아하는 사람들의 교만을 풍자한 것임.

B: 谁料博雅如此公

• 料 : 예상하다. 예측하다. 짐작하다. 추측하다.

例 1. 料不到他会来。

2. 果然不出所料。

• 公 : 남자에 대한 존칭

C: 陈独秀办了≪新青年≫提倡洋字

陈独秀(1879 ~ 1938), 이름은 庆同, 자는 仲甫, 안휘성 安庆출생, 중국공산당 창설자 중 일인이며, ≪新青年≫을 창간함. 손문의 혁명이 실패하자 陈独秀는 이 잡지를 발간함으로써 신문화·신사상을 지속적으로보급할 수 있는 방향을 제시해 주었다.

본문은 1918년, 钱玄同 등이 ≪新青年≫잡지를 통해 한자를 없애고 로 마자 모음을 하자고 토론한 일을 가리킨다.

D: 国粹沦亡

国粹: 한 국가나 민족의 고유한 정신적, 문화적장점. (보수적, 맹목적인 숭배의 뜻을 포함함).

E: 托一个同乡去查阿Q犯事的案卷

- 犯事: 犯罪
- 犯罪心理学: 범죄 심리학. 犯罪行为: 범죄행위

4

我虽不知道是真没有, 还是没有查, 然而也再没有别的方法了。生怕注音字母还未通行, 只好用了“洋字”, 照英国流行的拼法写他为阿Quei, 略作阿Q。这近于盲从《新青年》, 自己也很抱歉, 但茂才公尚且不知, 我还有什么好办法呢。

나는 정말로 없는 것인지 아니면 찾아 보지 않은 것인지 알 수는 없었으나 더 이상 다른 방법이 없었다. 아마도 주음부호가 아직 통용되지 않은 것 같아 할 수 없이 '서양자모'를 사용해 영국에서 유행하는 철자법을 따라 아 'Quei'라고 쓰고, 줄여서 '아Q'라고 했다. 이것은 《신청년》을 무턱대고 따르는 것 같아서 나 자신도 미안하지만 무재(茂才)조차도모르니, 나 또한 무슨 뾰족한 수가 있겠는가?

A: 然而也再没有别的方法了

- 然而:

例 他虽然失败了很多次, 然而并不灰心。

- 也再没有 또 다시는 ~없다.

  再也没有比这个更好的。

B: 生怕注音字母还未通行

- 生怕: 이전의 구두어 어휘. 生恐, 深怕, 只怕

C: 照英国流行的拼法写他为阿 Quei

- 照：按照, 依照, 根据, 照着, 依据

例 照贵我双方的交流协议, 聘请贵校中文系教授一人来我校进行研究活动。

- 拼法：'汉语拼音方案'에 의거해서 발음을 표기하는 방법.

D: 茂才公尚且不知

- 尚且 ...조차...한데...까지도. 정도가 더 심한 예를 들어 뜻을 더 강조하며, '何况'을 수반한 절이 호응한다.

例 大人尚且举不起来, 何况孩子呢。

본문 읽기 (2)

원어민의 음성을 듣고 문장의 억양을 살려서 소리내어 읽어 봅시다.

第四, 是阿Q的籍贯了。倘他姓赵, 则据现在好称郡望的老例, 可以照《郡名百家姓》上的注解, 说是"陇西天水人也", 但可惜这姓是不甚可靠的, 因此籍贯也就有些决不定。他虽然多住未庄, 然而也常常宿在别处, 不能说是未庄人, 即使说是"未庄人也", 也仍然有乖史法的。

我所聊以自慰的, 是还有一个"阿"字非常正确, 绝无附会假借的缺点, 颇可以就正于通人。至于其余, 却都非浅学所能穿凿, 只希望有"历史癖与考据癖"的胡适之先生的门人们, 将来或者能够寻出许多新端绪来, 但是我这《阿Q正传》到那时却又怕早经消灭了。

以上可以算是序。

단어장

郡望	jùnwàng	名	한 郡(군)에서 명망이 높은 가문 名家
郡名百家姓	jùnmíngbǎijiāxìng	名	계몽교과서 중의 하나인 「百家姓」의 일종
聊以自慰	liáoyǐzìwèi	成	약간이나마 스스로 위안을 삼다
附会	fùhuì	动	억지로 갖다 붙이다.
穿凿	chuānzáo	动	억지로 끌어다 붙이다, 견강부회하다
胡适之	Húshìzhī	名	철학가, 교육자, 문학가(1891~1962). 이름이 适이고 字는 适之, 안휘성(安徽省) 출신으로 5.4백화문학운동의 선구자.

독해 연습 (2)

1

第四，是阿Q的籍贯了。倘他姓赵，则据现在好称郡望的老例，可以照《郡名百家姓》上的注解，说是"陇西天水人也"，但可惜这姓是不甚可靠的，因此籍贯也就有些决不定。

넷째로, 아큐의 출생지이다. 만일 그의 성이 자오(趙)씨라면 군내에 명망있는 집안을 칭찬하는 관례에 따라 ≪군명백가성(郡名百家姓)≫의 주해대로 '농서(隴西) 천수(天水)사람 이니라.' 라고 말할 수 있지만 유감스럽게도 이 성(姓)은 그다지 믿을 만한 것이 못 되기 때문에 출생지도 좀처럼 결정할 수 없었다.

A: 是阿Q的籍贯了

- 籍贯：原籍，祖籍

B: 则据现在好称郡望的老例

- 郡望：

  한 집안, 가족이 발생한 근원지. 어느 성씨 혹은 가족의 郡望이란 그 성씨와 가족이 시작한 어느 郡을 성씨의 뿌리로 삼는 것이며, 한국의

'본관'에 해당한다. 그것은 두 가지 기능을 가지는데, 하나는 郡望을 통해 출신을 판단하여 결혼, 취업 등에 참고로 할 수 있는 사회적 기능이며, 또 하나는 그 조상의 뿌리를 찾고 한 집안을 이루는데 참고가 되는 종족 보존의 기능을 한다.

C: ≪郡名百家姓≫

≪百家姓≫은 글방에서 사용하던 启蒙书로서, 송나라 때 단성 408개와 복성 30개의 성씨를 四字韵语로 연결지어 암송하기 쉽게 만들었다. ≪郡名百家姓≫은 百家姓에다 郡名을 부주로 달아서, 어느 姓은 어느 지역에 원래 살았다는 것을 표시하였다. 예를 들어, 赵씨는 "天水"、钱씨는 "彭城"등과 같이 쓴다.

2

他虽然多住未庄, 然而也常常宿在别处, 不能说是未庄人, 即使说是"未庄人也", 也仍然有乖史法的。

비록 그는 미장(未莊)에서 오래 살기는 했지만, 항상 다른 곳에서 묵었기 때문에 미장 사람이라고 말할 수 없고, 만일 '미장 사람이니라.'라고 하는것도 여전히 역사 기술 방법에 어긋나는 것이다.

A: 即使说是"未庄人也", 也仍然有乖史法的。

- 即使 : 가령(설령) ~라해도, 뒤에 '也'가 호응한다.
- 乖史法 : 역사 서술방법에 어긋나다.

  乖: 사리에 어긋나다. 有乖常理 : 상리에 어긋나는 점이 있다

3

我所聊以自慰的, 是还有一个"阿"字非常正确, 绝无附会假借的缺点, 颇可以就正于通人。

내가 약간이나마 스스로 위안을 삼을 수 있는 것은 '阿'자 한 자만은 매우 정확하여 억지로 갖다 붙이거나 빌려 쓴 결점이 전혀 없기 때문에 충분히 전문가에게 평을 들어볼 수있다.

A: 我所聊以自慰的

- 所 : ~하는 바

例 这是我们所反对的。

- 以 : ~에 의해, ~한 이유의 뜻

聊以自慰 (약간이나마) 잠시 스스로 위안을 삼다.

例 有了几分成绩就聊以自慰, 这是不应该的。

B: 绝无附会假借的缺点, 颇可以就正于 通人

- 绝无附会 : 绝无此意, 绝非偶然
- 假借 : (명의, 힘 등을) 빌다.

假借名义, 假借外力

- 就正于 通人 : 정통한 사람에게서 바로 잡다.

출처 :≪论语≫ "就有道而正焉, 可谓好学也。(덕이 있는 사람에게 나아가 가르침을 받으면 학문을 좋아한다고 할 수 있다.)"

여기서 '就有道而正焉'을 '就正于有道'라고 하고, '就正于通人'을 '就通人而正焉'으로 고쳐써도 같은 의미 이다. 대개 시나 문장을 다른 사람에게 보고 평을 부탁할 때 쓴다.

4

至于其余, 却都非浅学所能穿凿, 只希望有"历史癖与考据癖"的胡适之先生的门人们, 将来或者能够寻出许多新端绪来, 但是我这≪阿Q正传≫ 到那时却又怕早经消灭了。以上可以算是序。

그 외의 것에 대해서는 오히려 배운 것이 적은 나로서는 더 이상 파고들 수 없고, 단지 역사적 연구와 고증적 연구에 병적인 호적(胡適) 선생의 제자들이 앞으로 혹시 새로운 단서를 많이 찾아낼 수도 있으리라는 기대를 하고 있을 뿐이지만, 나의 이 ≪아큐정전≫이 그때가 되면 아마 벌써 소멸되어 버렸을 것이다. 이상을 서문(序文)으로 삼을 수 있다.

A: "历史癖与考据癖"

- 癖 : 무엇을 지나치게 즐기는 나쁜 습관(버릇).

烟癖 : 니코틴 중독.　酒癖 : 알코올 중독

- 호적 일파의 학풍을 일컫는 말. 그 자신도 1920年7月에 쓴 ≪<水浒传>考证≫에서 스스로를 '历史癖与考证癖'라 하였다.

B: 到那时却又怕早经消灭了

- 早 : 일찍이. 벌써. 진작. 보통 '就', '了'와 같이 쓰임.

例 1. 他早走了。

2. 我早就想来看你了。

- 经 : 경험하다. 겪다.

例 几经周折。여러 차례 곡절을 겪다.

연습하기

읽기 연습

다음의 문장을 유창하게 읽을 수 있도록 반복 연습하기 바랍니다.

1. 倘使他号月亭, 或者在八月间做过生日, 那一定是阿桂了；而他既没有号——也许有号, 只是没有人知道他, ——又未尝散过生日征文的帖子：写作阿桂, 是武断的。

2. 先前, 我也曾问过赵太爷的儿子茂才先生, 谁料博雅如此公, 竟也茫然, 但据结论说, 是因为陈独秀办了《新青年》提倡洋字, 所以国粹沦亡, 无可查考了。

3. 他虽然多住未庄, 然而也常常宿在别处, 不能说是未庄人, 即使说是"未庄人也", 也仍然有乖史法的。

4. 我所聊以自慰的, 是还有一个"阿"字非常正确, 绝无附会假借的缺点, 颇可以就正于通人。

번역 연습

다음 문장을 한국어로 번역해 봅시다.

1. 倘使他号月亭, 或者在八月间做过生日, 那一定是阿桂了；而他既没有号——

也许有号, 只是没有人知道他, ——又未尝散过生日征文的帖子 : 写作阿桂, 是武断的。

번역 : (　　　　　　　　　　　　　　　　　　　　　　　　　　　　　　　)

2. 我的最后的手段, 只有托一个同乡去查阿 Q 犯事的案卷, 八个月之后才有回信, 说案卷里并无与阿 Quei 的声音相近的人。

번역 : (　　　　　　　　　　　　　　　　　　　　　　　　　　　　　　　)

3. 他虽然多住未庄, 然而也常常宿在别处, 不能说是未庄人, 即使说是"未庄人也", 也仍然有乖史法的。

번역 : (　　　　　　　　　　　　　　　　　　　　　　　　　　　　　　　)

4. 至于其余, 却都非浅学所能穿凿, 只希望有 "历史癖与考据癖" 的胡适之先生的门人们, 将来或者能够寻出许多新端绪来, 但是我这 ≪阿 Q 正传≫ 到那时却又怕早经消灭了。

번역 : (　　　　　　　　　　　　　　　　　　　　　　　　　　　　　　　)

심화연습

본문을 듣고 내용에 근거해서 원어민의 질문에 중국어로 답해봅시다.

녹음을 잘 들어 보세요

문제 1.

정답 : (　　　　　　　　　　　　　　　　　　　　　　　　　　)

문제 2.

정답 : (   )

문제 3.

정답 : (   )

문제 4. **다음 밑줄 친 낱말과 같은 의미가아닌 것을 고르시오.**

(1) 倘使他号月亭，或者在八月间做过生日，那一定是阿桂了；而他既没有号——也许有号，　只是没有人知道他，　——又未尝散过生日征文的帖子：写作阿桂，是武断的。

① 倘若　② 假使　③ 假如　④ 倘能

(2) 我虽不知道是真没有，　还是没有查，然而也再没有别的方法了。生怕注音字母还未通行，只好用了"洋字"，照英 国流行的拼法写他为阿 Quei，略作阿Q。

① 惟恐　② 八成　③ 剖分　④ 大半

문제 5. **<보기> 에서 괄호 안에 들어갈 알맞은 낱말을 고르시오.**

〈보기〉 恰当	穿凿	密致	附会	正好

我所聊以自慰的，是还有一个"阿"字非常正确，绝无(1)假借的缺点，颇可以就正于通人。至于其余，却都非浅学所能(2)，只希望有"历史癖与考据癖"的胡适之先生的门人们，将来或者能够寻出许多新端绪来，但是我这《阿Q正传》到那时却又怕早经消灭了。

학습 마무리

1. 본 과에서 학습한 내용정리

≪아Q정전(阿Q正传)≫은 1921년에 발표된 노신의 불후의 명작입니다.
서문을 통해서 노신이 이 작품을 쓰게 된 창작배경과 그의 저술태도를 이해할 수 있습니다. 또한 노신이 왜 가상적인 인물인 아큐를 들어서 그에게 전기를 써주려고 했는지 그 동기를 파악할 수 있습니다. 작품 중에서 아큐는 부질없이 이것저것 간섭하고 강자의 꽁무니를 좇아다니고 약자에게 잔혹하며 아무것도 아닌 것에 흥분하고 자기 합리화를 잘하며, 급기야는 혁명에 휘말려 처형을 당하게 되는 어처구니없는 성격으로 묘사되고 있습니다. 작가는 당시의 지식인들을 풍자하기 위해서 아큐라는 가상적인 인물은 내세웠던 것입니다.
본문은 난해한 문언적 표현이 많으므로, 문장 중에 사용한 전고와 제기된 인물이나 역사적 사건, 문헌 등에 대하여서는 설명을 참고하면서 꼭 반복 해석해 보아야 합니다.

2.작품의 대강

서문은 중국인이 인물의 전기를 기술할 때 제일 먼저 써야하는 중요한 사항인, 성씨, 이름, 출신지에 대해 알아낼 수가 없는 어려움을 먼저 설명하고, 이를 해결하기위해 가장 최선의 방법과 조사를 통해 '아큐정전'이라는 명칭으로 결정하게 된 연유를 밝혔습니다.이를 네 단락으로 나누어 보면,
첫째 단락은, 아큐의 전기를 쓸 때 그 제목을 어떻게 달것인가?
둘째 단락은, 아큐의 성씨는 무엇에 근거해서 정할 것인가?(생략부분)
셋째 단락은, 발음만 알고있는 아큐의 이름은 어떻게 정할 것인가?
넷째 단락은, 아큐의 본적, 즉 출신지에 대한 불분명함 등으로 나눌 수 있습니다.

3.작품의 주제:

通过序文形式表达作者的创作意图，如：写传记时一定要明确地说明书名、主人公的姓名以及出生地，同时也说明了阿Q是无法明确指出上述要点的人物。

13

野草

들어가면서…

이번 과는 현대 극작가이자 사회주의자로서 민중을 위한 계몽적인 작품을 많이 썼던 하연(夏衍)의 산문입니다.

이 작품은 씨앗의 힘이 얼마나 강하며, 그 씨앗에서 성장해 나온 풀의 생명력과 불굴의 의지가 얼마나 위대한지를 설명한 계몽성이 강한 글입니다.

짧은 편폭의 의론성이 강한 문장이므로, 본문을 학습하면서 우리는 명제와 명제에 대한 논리적인 설명과 그에 대한 실제의 예를 잘 이해할 수 있어야 하고, 또 이를 통해 작가가 이야기하려고 하는 주제가 무엇인지를 명확하게 파악할 수 있어야 하겠습니다.

학습포인트

1. 의론문의 서술형식
2. 서사적 내용의 논리적 구성
3. 생물의 특징 포착과 표현

夏衍 (1900~1995)

작가소개 …

본명은 심내희(沈乃熙), 자는 단헌 (端轩), 절강성 항주(杭州)사람이며, 현대극작가, 혁명연극과 영화활동의 조직, 영도자이다. 1919년 항주갑종공업학교(杭州甲種工業學校)에서 공부하면서 5·4운동에 참여하였고, ≪쌍십(雙十)≫과 ≪절강신조(浙江新潮)≫를 편집, ≪수감록(隨感錄)≫을 발표하는 등 당시의 정치상황을 비판하였다. 1920년 일본 유학 때 명치전문학교(明治專門學校)에서 전기 공업 기술을 배웠고, 1927년에 일본 경찰에 의해 강제추방되어 귀국하였다.

1929년에는 정백기(鄭伯奇), 풍내초(馮乃超) 등과 함께 상해예술극사(上海藝術劇社)를 세웠으며, 그후 1930년에는 노신 등과 중국좌익작가연맹을 결성하여 산하에 중국극작가 연맹을 조직하고 좌익 예술 간행물 ≪예술(藝術)≫을 책임 편집하였다. 1932년에는 명성영화사(明星影片公司)의 극작가로써 영화 극본≪광류(狂流)≫, ≪춘잠(春蠶)≫, ≪상해이십사소시(上海二十四小时)≫, ≪지분시장(脂粉市场)≫ 등을 썼다.

1936년에는 일본 제국주의의 경제 침략을 폭로하고 노동자들의 참담한 생활을 묘사한 보고문학(報告文學)을 썼다. 항일전쟁이 발발한 뒤, 곽말약(郭末若)등과 함께 ≪구망일보(救亡日报)≫의 책임 편집자를 맡았다.

1949년 중화인민공화국성립이후 문화부부장, 전인대 대표를 지냈으나, 1965년 그가 만든 영화 ≪임가포자(林家铺子)≫가 사회주의에 해롭다는 비판을 받아 숙청, 1977년 복권되어 문화부고문, 중국영화협회주석 등을 역임하였다.

주요 저작으로는 ≪하연전영극작집(夏衍电影剧作集)≫, ≪하연잡문수필집(夏衍杂文随笔集)≫, ≪하연선집(夏衍选集)≫, ≪잡쇄집(杂碎集)≫、≪생활, 제재, 창작(生活、题材、创作)≫, ≪라심구몽록(懒寻旧梦录)≫등이 있다. 오랜 기간 동안 연극, 영화 극본 작가 및 영화 이론 연구가로 활동하였고 그 작품들은 각 시대의 사회 생활을 반영하였고 사상과 예술성에 대한 통일을 추구하여 중국 영화 사업의 발전에 큰 공헌을 하였다. 1985년 문화부가 수여하는 영예 상장을 받았다.

본문 읽기 (1)

원어민의 음성을 듣고 문장의 억양을 살려서 소리내어 읽어 봅시다.

有这样一个故事。

有人问：世界上什么东西的气力最大？回答纷纭得很，有的说象，有的说狮子，有人开玩笑似的说，是金刚。金刚有多少气力，当然大家全不知道。结果，这一切答案完全不对，世界上气力最大的是植物的种子。一粒种子可以显现出来的力，简直是超越一切的。

这儿又是一个故事。

人的头盖骨结合得非常致密，坚固。生理学家和解剖学家用尽了一切的方法，要把它完整地分开来，都没有成功。后来忽然有人发明了一个方法，就是把一些植物的种子放在要剖析的头盖骨里，给与温度和湿度，使种子发芽。一发芽，这些种子便以可怕的力量，将一切机械力所不能分开的骨骼，完整地分开了。植物种子力量之大如此。

단어장

气力	qìlì	名 힘		
纷纭	fēnyún	形 (말이나 일이)분분하다	동	纷杂
金刚	jīngāng	名 번데기		
粒(儿)	lì	名 알갱이, 입사	동	粒子
超越	chāoyuè	动 초월하다, 극복하다	유	超迈
致密	zhìmì	形 치밀하다	유	密致, 严密
解剖学家	jiěpōuxuéjiā	名 해부학자		
剖析	pōuxī	动 분석하다, 구분하다	유	解剖
给与	gěiyǔ	动 주다, 베풀다	동	给予 jǐyǔ
骨骼	gǔgé	名 골격	동	骨骼, 骨胳

독해 연습 (1)

1

有这样一个故事。

有人问：世界上什么东西的气力最大？回答纷纭得很, 有的说象, 有的说狮子, 有人开玩笑似的说, 是金刚。金刚有多少气力, 当然大家全不知道。

이런 이야기가 하나 있다. 어떤 사람이 질문을 했다: 세상에서 어떤 것의 힘이 제일 클까? 답은 참 많았는데, 어떤 이는 코끼리라고 말하고, 어떤 이는 사자라고 말하고 어떤 사람은 농담처럼 번데기라고 말했다. 번데기가 얼마큼의 힘이 있는지는 당연히 모두 다 모른다.

A: 回答纷纭得很

• ~得很 : 정도보어 중 고정된 형식.

例 1. 你这样做好得很。

2. 他讲话慢得很。

뒤에는 형용사만 오며, 의미는 (정도가)대단하다. ~ 极了와 같은 정도의 대단함. 이런 고정구는 ~得要命, ~得不得了, ~得不行, ~得慌, ~得不成, ~得厉害 등이 있다.

• 很好와 好得很의 의미상 차이

1. 일반 형용사 서술문에서는 형용사 앞에 很이 습관적으로 쓰여 (수식성) 很의 의미가 약하다.
2. 정도보어로서 ~ 得很은 형용사의 성질 상태가 매우, 대단히 ~하다는 의미를 나타낸다.(설명, 묘사의 성격)
3. 또한 실제 일어난 일, 알고 있는 상식이며 현상에 대해 표현할 때 정도보어를 쓰고 단순한 수식을 나타낼 때에는 부사어로서 형용사 앞에 위치한다.

例 他来得早 ; 온 것이 이르다

他早来 ; 일찍 오다

2

结果，这一切答案完全不对，世界上气力最大的是植物的种子。一粒种子可以显现出来的力，简直是超越一切的。

결과적으로, 이 모든 답은 완전히 틀리다. 세계에서 힘이 가장 큰 것은 식물의 씨다. 한 알의 씨앗이 낼 수 있는 힘이란 그야말로 모든 것을 능가하는 것이다.

A: 这一切答案完全不对

• 一切 :

1. 부사, 일체의 모든 온갖

例 1. 抓住一切机会。

2. 这一切答案完全不对。

2. 명사, 일체 모든 것

例 把一切献给祖国。

• 完全

例 1. 他完全同意我们的意见。

2. 你答得完全正确。

3. 你猜的完全不对。

B: 显现;(숨겨있던 것이)드러나다, 나타나다, 发出来

* 显示 : 현시하다, 과시하다, 뚜렷이 나타내 보이다

例 1. 浓雾消失后，重叠的山峰一层一层地显现出来。

2. 这些文物显示出古代人民的高度智慧。

C: 简直是超越一切的

• 简直 :

例 1. 这简直不象话。

2. 简直地说出来。

• 超越 : 超过

• 是~的 : 술어 부분에 대한 강조의 의미

'是'나 '的' 어느 한 쪽을 생략할 수도 있다.

例 1. 我(是)在外大学习中文(的)。

2. 我是在外大学习的中文。(在外大学习만을 강조)

3

这儿又是一个故事。人的头盖骨结合得非常致密、坚固。生理学家和解剖学家用尽了一切的方法, 要把它完整地分开来, 都没有成功。

여기 또 한 이야기가 있다. 사람의 두개골은 대단히 치밀하고 단단하게 결합되어 있다. 생리학자와 해부학자들이 모든 방법을 다해 그것을 완전하게 쪼개려 하였지만 다 성공하지 못했다.

A: 有这样一个故事　这儿又是一个故事

• 有~~　是~~:

前边有山, 后边有水。　존재를 나타냄

前边是山, 后边是水。　설명 / 특정대상

例 1. 外大公车站对面有一家中国餐厅。

2. 外大公车站对面是'荣和庄'。

B: 结合得非常致密, 坚固

• 结合 : 결합하다

例 1. 理论和实现相结合

2. 城市和乡村的结合

• 致密 : 치밀하다

例 结果致密　致密的观察

C: 要把它完整地分开来

• 完整 : 完全

'完整'은 완전무결하다. 제대로 갖추다의 의미이고, '完全'은 충분한, 모두다의 뜻.

例 1. 完整的句子 (잘 구성된 완전한문장)

2. 这套书是完整的。((결본없이) 완전무결하다)

3. 他讲的上海话我完全听不懂。(하는 말 모두)

4

后来忽然有人发明了一个方法，就是把一些植物的种子放在要剖析的头盖骨里，给与温度和湿度，使种子发芽。一发芽，这些种子便以可怕的力量，将一切机械力所不能分开的骨骼，完整地分开了。植物种子力量之大如此。

후에 문득 어떤 사람이 한 방법을 발명해 냈는데, 곧 식물의 씨앗들을 해부하고자 하는 두개골 안에 넣고, 온도와 습도를 공급하여, 씨앗이 싹을 내게 하였다. 일단 발아하기만 하면이 씨앗들은 곧 무서운 힘으로써, 온갖 기계의 힘으로도 쪼갤 수 없는 바의 골격을 완벽하게 쪼개낸다. 식물의 씨앗은 그 역량이 이 정도나 된다.

A: 后来 : 앞의 첫 단락이나 구절에서 언급했던 어떤 시간 혹은 어떤 일 이후를 가리킨다. 일반적으로 과거시간에 사용한다.

例 这件事我一直不知道，后来是小李告诉我的。

* 然后, 현재, 미래에 사용한다.

例 他很忙，你最好先问一下他哪天有时间，然后再去拜访他。

B: 给与 : gěiyǔ (= 给予jǐyǔ)공급하다.(물건이나 대우를) 주다. 베풀(어 주)다. 뒤에는 반드시 2음절 목적어가 온다.

例 给与帮助　给与同情　给水

C: 使 : 使는 사역에 쓴다. 특히 동작을 받는 대상의 심리적 변화가 일어난 경우에는 使를 쓴다.

例 1. 他的话并不使我生气。

2. 他的态度使他变得朋友越来越少。

D: 一发芽，这些种子便以可怕的力量

- 一 ~ 便 ~하기만 하면 곧
- 以 : ~ 으로써

E: 将 一切机械力所不能分开的骨骼

- 将 : 把，목적어는 骨骼
- 所 : ~하는 바

본문 읽기 (2)

원어민의 음성을 듣고 문장의 억양을 살려서 소리내어 읽어 봅시다.

这也许特殊了一点，常人不容易理解。那么，你见过被压在瓦砾和石块下面的一棵小草的生成吗？它为着向往阳光，为着达成它的生之意志，不管上面的石块如何重，石块与石块之间如何狭，它总要曲曲折折地，但是顽强不屈地透到地面上来。它的根往土里钻，它的芽往上面挺，这是一种不可抗的力，阻止它的石块结果也被它掀翻。一粒种子力量之大如此。

没有一个人将小草叫做大力士，但是它的力量之大，的确世界无比。这种力是一般人看不见的生命力。只要生命存在，这种力量就要显现，上面的石块丝毫不足以阻挡它，因为这是一种“长期抗战”的力，有弹性，能屈能伸的力，有韧性，不达目的不止的力。

如果不落在肥土中而落在瓦砾中，有生命的种子决不会悲观，叹气，它相信有了阻力才有磨炼。生命开始的一瞬间就带着斗志而来的草才是坚韧的草，也只有这种草，才可以对那些玻璃棚中养育的盆花嗤笑。

단어장

瓦砾	wǎlì	名 기와 조각과 벽돌 부스러기	
为着	wèizhe	介 ~를 위하여	동 为了
狭	xiá	形 좁다	동 窄 반 广
顽强不屈	wánqiáng-bùqū	완강히 굴복하지 않다	
掀翻	xiānfān	动 전복하다, 뒤집히다	동 翻
无比	wúbǐ	形 비할 바 없다, 아주 뛰어나다	동 无匹
阻挡	zǔdǎng	动 저지하다, 가로막다	동 阻挠
弹性	tánxìng	名 탄성, 탄력성	
韧性	rènxìng	名 근성, 강인성	유 韧劲
肥土	féitǔ	名 옥토, 기름진 땅	동 沃土
磨炼	móliàn	动 연마하다, 단련하다	동 磨练
盆花(儿)	pénhuā(r)	名 화분에 심은 꽃	
嗤笑	chīxiào	动 비웃다	동 嘲笑

독해 연습 (2)

1

这也许特殊了一点，常人不容易理解。那么，你见过被压在瓦砾和石块下面的一棵小草的生成吗？它为着向往阳光，为着达成它的生之意志，不管上面的石块如何重，石块与石块之间如何狭，它总要曲曲折折地，但是顽强不屈地透到地面上来。

이는 아마도 좀 특수해서, 일반 사람은 이해하기 쉽지 않을것이다. 그렇다면 당신은 기와조각과 돌 밑에 눌려있는 작은 풀을 본적이 있는가? 그것은 햇빛을 향하기 위해, 그것의 삶의 의지를 달성하기 위해, 위의 돌이 얼마나 무겁고, 돌과 돌 사이가 얼마나 비좁은지 상관치 않고 언제나 구불구불하게, 그러나 완강하게 버티어 지면으로 뚫고 나온다.

A: 常人

- 一般人　普通人

B: 你见过被压在瓦砾和石块下面的一棵小草的生成吗？

- 被는 피동문에 쓰이는 전치사이며, 동작을 가하는 주체가 일반 사람일 경우 생략이 가능하다.

例　他被批评了。　那本书已经被借走了。

- 被외에 给도 피동의 의미로 쓰이며, 부정적이고 해를 입는 경우에 주로 쓴다.

例　我无缘无故地给打了。

C: 不管上面的石块如何重，石块与石块之间如何狭

- 不管 : ~ 무조건의 관계를 나타내는 복문의 종속절에 쓰며, 긍부정의 문장이나 如何, 怎样, 怎么 등의 부사와 같이 쓴다.

  不管 (= 无论, 不拘, 不论), 无论如何.., 不管怎样...

  * 不论如何 (X)

例

1. 无论你愿意不愿意，你得离开这里。
2. 不管你怎么固执，不能不承认事实。
3. 无论是过年、过节，还是贺喜祝寿的时候，中国人都使用红色。

2

它的根往土里钻，它的芽往上面挺，这是一种不可抗的力，阻止它的石块结果也被它掀翻。一粒种子力量之大如此。

그것의 뿌리는 흙 속으로 뚫고, 그것의 싹은 지상으로 뻗는데, 이는 일종의 저항할 수 없는 힘이고, 그것을 저지하던 돌멩이는 결국 그것에 의해 뒤집히게 된다. 씨앗한 알의 힘의 크기가 이 정도나 된다.

A: 阻止它的石块结果也被它掀翻

结果 : 결국에는(= 终于)

B: 一粒种子力量之大如此 。

- 力量之大 : 힘의 크기
- 如此 : 이만하다. 이와 같다.

3

没有一个人将小草叫做大力士，但是它的力量之大，的确世界无比。这种力是一般人看不见的生命力。只要生命存在，这种力量就要显现，上面的石块丝毫不足以阻挡它，因为这是一种“长期抗战”的力，有弹性，能屈能伸的力，有韧性，不达目的不止的力。

어린 풀을 장사라고 부르는 사람은 없지만, 그것의 힘의 크기는 확실히 세상에 비할 바가 없다. 이런 힘은 보통 사람들이 볼 수 없는 생명력이다. 생명이 존재하기만 하면 이러한 힘이 드러나는데, 윗 쪽의 돌이 털끝만큼도 그것을 가로막지 못한다. 왜냐하면 이것은 오랜 기간 동안 항거해온 힘, 유연성이 있어서 굽혔다 폈다 할 수 있는 힘, 견인성이 있어서 목표에 도달하지 않으면 멈추지 않는 힘이기 때문이다.

A: 没有一个人将小草叫做大力士

- 没有一个人 : 아무도 ~않는다.
- 将, 把~叫做 (=看做, 当做, 当成)

例 中国人很重视朋友之间的感情，他们将朋友当做是自己的亲兄弟。

B: 的确世界无比

- 无比 : 世界上谁都比不上

C: 只要生命存在, 这种力量就要显现

- 显现 : 드러나다, 보이게되다.　　显示 : 드러내다, 과시하다.
  显得 : ~처럼 보이다.

例
1. 她的脸上显现出满意的神情。
2. 太阳能显示着它的灿烂的光线。
3. 他们前几天吵了一架，今天见面，都显得很尴尬。

D: 丝毫不足以阻挡它

- 丝毫 : 극히 작은(적은), 一点儿의 의미. 주로 부정부사 不, 没와 함께 써서 철저한 부정을 나타낸다.

例 1.她的苦苦哀求丝毫没打动丈夫的心。

2.人事调动对工作丝毫不影响。

E: 不达目的不止的力 :

没有达到目标就不断地努力而终于达到成功的力量

4

如果不落在肥土中而落在瓦砾中, 有生命的种子决不会悲观, 叹气, 它相信有了阻力才有磨炼。生命开始的一瞬间就带着斗志而来的草才是坚韧的草, 也只有这种草, 才可以对那些玻璃棚中养育的盆花嗤笑。

만일 비옥한 땅에 떨어지지 않고 벽돌이나 기왓장조각에 떨어졌다 해도, 생명이 있는 씨앗은 결코 비관하고, 한탄할 줄 모르며, 그것은 저지하는 힘이 있어야지 단련이 있다고 믿는다. 생명이 시작되는 순간이면 투지를 가지고 오는 풀이야말로 견인한 풀이며, 이런 풀만이 비닐하우스 안에서 배양한 화분의 꽃을 비웃을 수 있다.

A: 不落在肥土中而落在瓦砾中

- 접속사 '而'은 전환의 의미이다.

B: 它相信有了阻力才有磨炼

- 有了~ 才 : ~이 있어야 비로소

例 双方合作, 有合同书才有效。

C: 玻璃棚中养育的盆花

- 玻璃棚 : 비닐하우스

읽기 연습

다음의 문장을 유창하게 읽을 수 있도록 반복 연습하기 바랍니다.

1. 一粒种子可以显现出来的力, 简直是超越一切的。

2. 生理学家和解剖学家用尽了一切的方法, 要把它完整地分开来, 都没有成功。

3. 它为着向往阳光, 为着达成它的生之意志, 不管上面的石块如何重, 石块与石块之间如何狭, 它总要曲曲折折地, 但是顽强不屈地透到地面上来。

4. 生命开始的一瞬间就带着斗志而来的草才是坚韧的草, 也只有这种草, 才可以对那些玻璃棚中养育的盆花嗤笑。

번역 연습

다음 문장을 한국어로 번역해 봅시다.

1. 一粒种子可以显现出来的力, 简直是超越一切的。
   번역 : ( )

2. 一发芽, 这些种子便以可怕的力量, 将一切机械力所不能分开的骨骼, 完整地分开了。
   번역 : ( )

3. 只要生命存在, 这种力量就要显现, 上面的石块丝毫不足以阻挡它, 因为这是一种“长期抗战”的力, 有弹性, 能屈能伸的力, 有韧性, 不达目的不止的力。

번역 : (   )

4. 生命开始的一瞬间就带着斗志而来的草才是坚韧的草, 也只有这种草, 才可以对那些玻璃棚中养育的盆花嗤笑。

번역 : (   )

심화연습

본문을 듣고 내용에 근거해서 원어민의 질문에 중국어로 답해봅시다.

녹음을 잘 들어 보세요.

문제 1. 世界上什么东西的气力最大?

정답 : (   )

문제 2. 人的头盖骨用什么方法才可以分开呢?

정답 : (   )

문제 3. 一粒种子如果落在瓦砾中, 它怎么办?

정답 : (   )

문제 4. 다음 문장에서 밑줄 친 단어와 의미가 다른 것을 고르시오.

有人问：世界上什么东西的气力最大？回答纷纭得很，有的说象，有的说狮子，有人开玩笑似的说，是金刚。金刚有多少气力，当然大家全不知道。

① 纷繁　② 纷忙　③ 纷纷　④ 纷杂

문제 5. 다음 <보기>에서 문장의 괄호 안에 들어갈 단어를 고르시오.

〈보기〉 阳光　挺　钻　光线　立　穿

那么，你见过被压在瓦砾和石块下面的一棵小草的生成吗？它为着向往(1)，为着达成它的生之意志，不管上面的石块如何重，石块与石块之间如何狭，它总要曲曲折折地，但是顽强不屈地透到地面上来。它的根往土里(2)，它的芽往上面(3)，这是一种不可抗的力，阻止它的石块结果也被它掀翻。一粒种子力量之大如此。

학습 마무리

1. 본 과에서 학습한 내용정리

<野草>는 1940년에 발표한 글이며, 민중의 힘을 자연의 생물현상을 예를 들어 설명한 의론성이 강한 산문입니다. 작품에서 이야기하고 있는 작은 풀이란 민중의 생명력을 말하며,그 생명력의 원천은 바로 작은 씨앗의 힘에서 나온다고 하였습니다.

이 들풀의 특징은 첫째, 견인성을 지니고 있어서 그 목표에 도달할 때까지 항거하며 굽히지 않는다는 점과, 둘째는 모든 어려움과 좌절을 자신에 대한 수련으로 삼고 결코 비관하지 않는다는 점입니다. 즉, 흑암의 현실에서도 민중에게 깊이 내재하는 힘은 강인하고 생명력이 있어서 그 어느 것도 이겨낼 수 없다는 사실을 강조하고 있다고 볼 수 있습니다.

2. 작품의 대강

작품은 네 단락으로 나누어 볼 수 있는데,

첫째 단락은 세상에서 가장 강한 것은 식물의 씨앗이라고 전제함.

둘째 단락은 그 씨앗은 두개골을 쪼갤 수 있는 정도의 무서운 힘임을 예로 들어 설명.

셋째 단락은 씨앗에서 나온 들풀의 생명력과 그 목표달성을 위한 끊임없는 항거와 인내의 정신을 설명.

넷째 단락은 어떠한 장애물도 두려워하지 않고 비관하지 않으며, 스스로를 단련하는 들풀의 특성을 강조. 등으로 정리할 수 있습니다.

3. 작품의 주제:

透过描写小草的特色而揭示'民众的力量是不可战胜'的一个真理。

부 록

一. 작품의 원문과 번역문

1. 差不多先生传 (胡适)

你知道中国最有名的人是谁？提起此人，人人皆晓，处处闻名；他姓差，名不多，是各省各县各村人氏。你一定见过他，一定听过别人谈起他。差不多先生的名字，天天挂在大家的口头，因为他是中国全国人的代表。

差不多先生的相貌和你我都差不多。他有一双眼睛，但看得不很清楚；有两只耳朵，但听得不很分明；有鼻子和嘴，但他对于气味和口味都不很讲究；他的脑子也不小，但他的记性却不很精明，他的思想也不很细密。

他常常说："凡事只要差不多就好了，何必太精明呢？"他小的时候，他妈妈叫他去买红糖，他买了白糖回来。他妈骂他，他摇摇头说道："红糖白糖不是差不多吗？"

他在学堂的时候，先生问他："直隶省的西边是哪一省？"他说是陕西。先生说："错了。是山西，不是陕西。"他说："陕西同山西不是差不多吗？"

后来他在一个钱铺里做伙计，他也会写，也会算，只是总不会精细。"十"字常常写成"千"字，"千"字常常写成"十"字。掌柜的生气了，常常骂他。他只笑嘻嘻地赔小心道："'千'字比'十'字只多一小撇，不是差不多吗？"

有一天，他为了一件要紧的事，要搭火车到上海去。他从从容容地走到火车站，迟了两分钟，火车已开走了。他白瞪着眼，望着远远的火车上的煤烟，摇摇头道："只好明天再走了，今天走同明天走，也差不多。可是火车公司未免太认真了。八点三十分开，同八点三十二分开，不是差不多吗？”他一面说，一面慢慢地走回家。心里总不明白，为什么火车不肯等他两分钟。

有一天，他忽然得了急病，赶快叫家人去请东街的汪大夫。那家人急急忙忙地跑去，一时寻不着东街的汪大夫，却把西街的牛医王大夫请来了。差不多先生病在床上，知道寻错了人，但病急了，身上痛苦，心里焦急，等不得了，心里想道：“好在王大夫同汪大夫也差不多，让他试试看吧。”于是这位牛医王大夫走近床前，用医牛的法子给差不多先生治病。不上一点钟，差不多先生就一命呜呼了。

差不多先生差不多要死的时候，一口气断断续续地说道：“活人同死人也差……差……差……不多，凡事只要……差……差……不多……就……好了，何……何……必……太……太认真呢？”他说完了这句格言，方才断气了。

他死后，大家都称赞差不多先生样样事情看得破，想得通；大家都说他一生不肯认真、不肯算账，不肯计较，真是一位有德行的人。于是大家给他取个死后的法号，叫他圆通大师。

他的名誉越传越远，越传越大。无数的人都学他的榜样。于是人人都成了一个差不多先生。——然而中国从此就成了一个懒人国了。

1. 차부뚜어 선생전 (호적)

당신은 중국의 가장 유명한 사람이 누구인지 아나요? 이 사람을 말하자면, 모두가 알고 있으며 어디에서든지 그 이름을 들을 수 있으니; '그의 성은 差이고, 이름은 不多로, 각 성, 각 현, 각 마을마다 이런 이름을 가진 사람이 있습니다. 당신은 분명 그를 만난 적이 있고, 분명 다른 사람이 그에 대하여 이야기 하는 것을 들은 적이 있을 겁니다. 차부뚜어선생의 이름은 매일 모두의 입에 오르내리는데 그는 중국 전 국민의 대표이기 때문입니다.

차부뚜어선생의 생김새는 우리와 비슷합니다. 그는 두 눈이 있지만, 그리 똑똑히 보지는 않고; 두 귀가 있지만, 그다지 분명하게 듣지 않으며; 코와 입이 있지만 그는 냄새와 맛에 그다지 신경쓰지 않습니다. 그는 머리가 작지도 않은데, 그의 기억력은 그다지 좋지 못하고 그의 생각 역시 세밀하지 못합니다.

그는 언제나 "모든 일은 비슷하기만 하면 되는데, 구태여 너무 꼼꼼할 필요가 있을까?" 라고 말합니다.

그가 어렸을 때, 어머니가 그에게 흑설탕을 사오라고 하였는데 그는 백설탕을 사서 돌아왔습니다. 그의 어머니가 그를 나무라자 그는 고개를 저으며 말하였습니다. "흑설탕과 백설탕은 별 차이가 없는 거 아닌가요?"

그가 학교에 다닐 때 선생님이 그에게 물었습니다. "직예성(直隶省)의 서쪽은 어느 성이죠?" 그는 섬서성(陕西省)이라고 말하였습니나. 선생님께서 말씀하셨습니다. "틀렸어. 산서성(山西省)이지, 섬서성(陕西省)이 아니야." 그가 말하였습니다. "섬서와 산서는 큰 차이가 없지 않나요?"

후에 그는 은행에서 직원으로 일하였는데 글도 쓸 줄 알고 계산도 할 줄 알았지만 단지 언제나 세심하지를 않았습니다. '十'을 항상 '千'으로 쓰고, '千'을 항상 '十'으로 썼습니다. 주인은 화가 나서 늘 그를 꾸짖었습니다. 그는 히죽거리며 조용히 사죄하며 말하였습니다. "'千' 자는 '十' 자 보다 작은 삐침 하나가 많은 것 뿐인데, 큰 차이가 없지 않나요?"

어느날, 그는 중요한 일로 기차를 타고 상해에 가려고 했습니다. 그는 여유롭게 기차역에 가다보니 2분이 늦었고, 기차는 이미 떠나버렸습니다. 그는 공연히 눈을 부릅뜨고는 멀리 기차의 연기를 바라보며 고개를 저으며 말하였습니다. "내일 가는 수 밖에 없겠군. 오늘 가는 거나 내일 가는 것은 큰 차이가 없지 않은가? 하지만 기차 회사는 너무 성실했어. 8시 30분에 출발하는 것과 8시 32분에 출발하는 것은 그게 그거 아닌가?" 그는 말하면서 천천히 집으로 돌아갔습니다. 마음속으로 왜 기차가 그를 2분 동안 기다려주지 않았는지 아무래도 알 수가 없었습니다.

그는 어느날 갑자기 급성병에 걸리고 말았는데 재빨리 사람을 시켜 동쪽길에 있는 汪선생을 불러오라고 하였습니다. 그 사람은 급히 달려갔지만 단시간에 동쪽길의 汪선생을 찾을 수 없자 서쪽길의 수의사 王선생을 모셔왔습니다. 차부뚜어선생은 병상에 누워 의사를 잘못 찾아왔다는 것을 알았지만, 병이 위급하고 고통스러워서 마음이 조급하였기 때문에 기다릴 수가 없어 마음속으로 생각하였습니다. "다행히도 王선생과 汪선생은 별 차이가 없으니 그에게 진찰을 받도록 하자." 그래서 수의사 王선생은 침대 앞으로 다가와 동물을 치료하는 방법으로 차부뚜어선생을 치료하였습니다. 한 시간도 되지 않아 차부뚜어선생은 그만 황천길로 가게 되었습니다.

차부뚜어선생이 거의 죽으려고 할 때 호흡이 끊어졌다 이어졌다 하면서 말하였습니다. "산 사람이나 죽은 사람이나 차…… 차……차이가 없고, 모든 일도…… 비……비……비슷……하기만……하면 되니, 구……구……구태여……진……진지할 필요가 있나?" 그는 이러한 격언을 남기고 비로소 숨이 끊어졌습니다.

그가 죽은 후 사람들은 차부뚜어선생이 무슨 일이든지 달관한 것을 칭찬하였습니다. 사람들은 그가 일생 동안 진지하려고 하거나 끝장을 내려 하지 않았고 세세하게 따지지 않았던, 진실로 덕망이 있는 사람이라고 말하였습니다. 그래서 사람들은 그가 죽은 후 법명을 지어주었는데, 원통대사(圆通大师)라 불렀습니다.

그의 명성은 전해질수록 오래 되고 높아져서 많은 사람들이 그를 본보기로삼았습니다. 그래서 사람들마다 다 하나의 차부뚜어선생이 되었습니다. 하지만, 중국은 이때부터 게으름뱅이 나라가 되어버린 거지요.

2. 春 (朱自清)

盼望着，盼望着，东风来了，春天的脚步近了。

一切都像刚睡醒的样子，欣欣然张开了眼。山朗润起来了，水涨起来了，太阳的脸红起来了。

小草偷偷地从土里钻出来，嫩嫩的，绿绿的。园子里，田野里，瞧去一大片一大片满是的。坐着，躺着，打两个滚，踢几脚球，赛几趟跑，捉几回迷藏。风轻悄悄的，软绵绵的。

桃树、杏树、梨树，你不让我，我不让你，都开满了花赶趟儿。红的像火，粉的像霞，白的像雪。花里带着甜味儿 ：闭了眼，树上仿佛已经满是桃儿、杏儿、梨儿。花下成千成百的蜜蜂嗡嗡地闹着，大小的蝴蝶飞来飞去。野花遍地是：杂样儿，有名字的，没名字的，散在草丛里像眼睛，像星星，还眨呀眨的。"吹面不寒杨柳风"，不错的，像母亲的手抚摸着你。风里带来些新翻的泥土的气息，混着青草味儿，还有各种花的香，都在微微润湿的空气里酝酿。鸟儿将巢安在繁花嫩叶当中，高兴起来了，呼朋引伴地卖弄清脆的喉咙，唱出宛转的曲子，跟轻风流水应和着。牛背上牧童的短笛，这时候也成天在嘹亮地响着。

雨是最寻常的，一下就是三两天。可别恼，看，像牛毛，像花针，像细丝，密密地斜织着，人家屋顶上全笼着一层薄烟。树叶儿却绿得发亮，小草儿也青得逼你的眼。傍晚时候，上灯了，一点点黄晕的光，烘托出一片安静而和平的夜。在乡下，小路上，石桥边，有撑起伞慢慢走着的人：地里还有工作的农民，披着 戴着笠的。他们的房屋，稀稀疏疏的，在雨里静默着。

天上风筝渐渐多了，地上孩子也多了。城里乡下，家家户户，老老小小，也赶趟似的，一个个都出来了。舒活舒活筋骨，抖擞抖擞精神，各做各的一份事去。"一年之计在于春"，刚起头儿，有的是工夫，有的是希望。

春天像刚落地的娃娃，从头到脚都是新的，它生长着。

春天像小姑娘，花枝招展的，笑着，走着。

春天像健壮的青年，有铁一般的胳膊和腰脚，他领着我们上前去。

《踪迹》 (1937)

2. 봄(주자청)

기다리고 기다리던 봄바람이 불어왔습니다. 봄의 발걸음이 가까워졌습니다.

모두가 마치 금방 잠에서 깨어난 모습이고, 흔연히 눈을 떴습니다. 산은 맑고 빛나기 시작했고 물은 불어나기 시작했고 태양의 얼굴도 붉어지기 시작했습니다.

새싹은 살그머니 흙 속을 뚫고 나오고, 여리고 파릇파릇합니다. 뜰과 들을 보니 한 무더기 한 무더기 가득합니다. 앉아도 보고, 누워도 보고, 두 번 데굴데굴 굴러도 보고, 공을 몇 번 차보기도 하고, 몇 차례 달리기 경주도 해보고, 숨바꼭질도 몇 번 해봅니다. 바람은 산들산들, 풀은 솜처럼 폭신폭신합니다.

복숭아나무, 살구나무, 배나무는 앞다투어 제 때에 맞추어 꽃을 활짝 피웠습니다. 붉은 것은 불과 같고, 분홍의 것은 노을과 같고, 흰 것은 눈과 같습니다. 꽃은 달콤한 맛을 가지고 있습니다. 눈을 감으면 나무는 마치 복숭아와 살구 그리고 배로 이미 가득한 것 같습니다. 꽃에는 수많은 벌들이 윙윙거리며 소란스럽고, 크고 작은 나비들이 이리 저리 날아다닙니다. 들꽃은 도처에 있습니다. 여러 가지 잡다한 모양의 것, 이름이 있는 것, 이름이 없는 것이 풀숲에 흩어져서 마치 눈과 같이, 별과 같이, 또한 깜빡깜빡 거립니다.

"얼굴에 불어도 춥지 않은 버들 가지 바람"은 좋습니다. 마치 어머니의 손과 같이 당신을 어루만지고 있습니다. 바람 속에는 새로이 뒤집은 흙의 기운들이 실려오고, 푸른 풀의 내음이 섞여있고, 또 각종 꽃의 향기도 있는데, 모두 은은하고 촉촉한 공기 속에서 익어가고 있습니다.

새는 둥지를 무성한 꽃의 어린잎 속에 틀고, 기뻐서 친구를 불러 모으듯이 맑고 낭랑한 목소리를 자랑하며 구성진 노래를 부르는데 산들바람과 흐르는 물과 함께 잘 어울립니다. 소의 등위에는 목동의 피리가 이때에도 온종일 맑고 깨끗하게 울립니다.

비는 가장 예사로운 것인데, 한 번 내리면 2~3일 동안 계속 됩니다. 절대 걱정하지 마세요. 보세요, 소의 털처럼, 자수 바늘처럼, 가는 명주실처럼, 촘촘하게 엇짜여있고, 인가의 지붕 꼭대기에는 한 켜의 엷은 안개가 가득 끼어있습니다.

나뭇잎은 오히려 빛이 날 정도로 푸르고 새싹도 눈부실 정도로 푸릅니다. 해질무렵, 등이 켜지면 어슴푸레한 노란빛이 조용하고 평화로운 밤을 돋보이게 합니다. 시골의 작은 길 돌다리 옆에는 우산을 받쳐 들고 걸어가는 사람이 있고, 밭에는 일하는 농민이 도롱이를 걸치고 삿갓을 쓰고 있습니다. 그들의 집은 드문드문 빗속에서 고요히 서 있습니다.

하늘에는 연이 점점 많아지고 땅에는 아이들도 많아졌습니다.

도시나 시골이나 집집마다 남녀노소 어른 아이 할 것 없이 마치 앞다투듯 하나씩 나옵니다. 몸을 움직이고 마음을 가다듬고 각자의 분량의 일을 하러 갑니다. "일년의 계획은 봄에 있습니다"라고 하지 않았나요? 시간은 많이 있고, 희망도 얼마든지 있습니다.

봄은 막 태어난 아기처럼 머리부터 발끝까지 새로우며 그것은 자랍니다.

봄은 아름답게 단장한 아가씨 마냥 웃으며 걸어옵니다.

봄은 건장한 청년처럼 무쇠 같은 팔과 다리를 가지고 있어서 우리를 앞으로 나아가게 이끕니다.

3. 鸟的天堂 (巴金)

我们在陈的小学校里吃了晚饭, 热气已经退了。太阳落下了山坡, 只留下一段灿烂的红霞在天边。

我们走过一条石子路, 很快就到了河边。在河边大树下, 我们发现了几只小船。

我们陆续跳上一只船。一个朋友解开了绳, 拿起竹竿一拨, 船缓缓地动了, 向河中心流去。

河面很宽, 白茫茫的水上没有一点波浪。船平静地在水面流动。三支桨有规律地在水里划, 那声音就像一支乐曲。

在一个地方, 河面变窄了。一簇簇绿叶伸到水面上。树叶绿得可爱。那是许多茂盛的榕树, 不见主干在什么地方。

当我说许多棵榕树的时候, 我的错误马上就给朋友们纠正了。一个朋友说那只有一棵榕树, 另一个朋友说是两棵。我见过不少的大榕树, 这样大的还是第一次看见。

我们的船渐渐逼近榕树了。我有机会看清它的真面目, 真是一棵大树, 枝干的数目不可计数。枝上又生根, 有许多根直垂到地上, 伸进泥土里。一部分树枝垂到水面。从远处看, 就像一棵大树卧在水面上。

榕树正是茂盛的时期, 好像把它的全部生命力展示给我们看。那么多的绿叶, 一簇堆在另一簇上面, 不留一点缝隙。翠绿的颜色明亮地在我们的眼前闪耀, 似乎每一片绿叶上都有一个新的生命在颤动。这美丽的南国的树!

船在树下泊了片刻。岸上很湿, 我们没有上去。朋友说这里是"鸟的天堂", 有许多鸟在这树上做巢, 农民不许人去捉它们。我仿佛听见几只鸟扑翅的声音, 等我注意去看, 却不见一只鸟的影儿。只有无数的树根立在地上, 像许多根木桩。土地是湿的, 大概涨潮的时候河水会冲上岸去。鸟的天堂里没有一只鸟, 我不禁这样想。于是船开了。一个朋友拨着桨, 船缓缓地移向河中心。

第二天, 我们划着船到一个朋友的家乡去。那是个有山有塔的地方。从学校出发，我们又经过那“鸟的天堂”。

这一次是在早晨。阳光照耀在水面，在树梢，一切都显得非常明亮了。我们 又把船在树下泊了片刻。

起初周围是静寂的。后来忽然起了一声鸟叫。我们把手一拍，便看见一只大鸟飞了起来。接着又看见第二只，第三只。我们继续拍掌，树上就变得热闹了，到处都是鸟声，到处都是鸟影。大的，小的，花的，黑的，有的站在树枝上叫，有的飞起来，有的在扑翅膀。我注意地看着，眼睛应接不暇，看清楚了这只，又错过了那只，看见了那只，另一只又起来了。一只画眉鸟飞了出来，被我们的掌声一吓，又飞进了叶丛，站在一根小枝上兴奋地叫着，那歌声真好听。

当小船向着高塔下面的乡村划去的时候，我回头看那被抛在后面的茂盛的榕树。我感到一点儿留恋的心情。昨天是我的眼睛骗了我。那“鸟的天堂”的确是鸟的天堂啊！

1933年 6月在广州

《旅途随笔》

3. 새의 천국 (파금)

우리가 천(陳)군의 소학교 에서 저녁을 먹고 나자, 더위는 이미 가셨다. 해는 산 비탈로 떨어졌고, 단지 찬란한 붉은 노을만을 하늘 끝에 남겨놓았다. 우리는 돌길을 걸어갔고, 금세 강가에 도착하였다. 강가의 큰 나무 아래에서 우리는 작은 배 몇 척을 발견하였다. 우리는 연달아 한 배에 뛰어 올랐다. 한 친구가 밧줄을 풀고 대나무 장대를 들어 한번 저으니 배가 천천히 움직여 강 한복판으로 이동하였다. 강폭은 넓었고, 온통 새하얀 강물에는 한 점의 출렁임도 없었다. 배는 고요히 수면 위에서 옮겨갔다. 세 개의 노는 절도 있게 물속에서 노를 젓는데, 그 소리는 마치 하나의 곡조와도 같았다.어떤 곳에서 수면이 좁아졌다. 한 무더기 한 무더기의 푸른 잎들이 강물 위에 뻗어있었다. 나뭇잎들이 푸른 것이 정말 예뻤다. 그것은 엄청나게 우거진 용수나무였고, 원줄기는 어디 있는지 보이지 않았다.

내가 수많은 용수나무라고 말할 때 친구들은 즉시 내 잘못을 고쳐주었다. 한 친구는 그것은 단 한 그루라고 말하였고, 또 다른 친구는 두 그루라고 말하였다. 나는 많은 큰 용수나무를 보았지만 이렇게 큰 것은 역시 처음 보는 것이다.

우리의 배가 점점 용수나무에 가까워졌다. 나는 그것의 진면목을 확실하게 볼 기회가 생겼는데, 정말로 한 그루의 큰 나무였고 가지의 줄기 수는 셀 수도 없었다. 가지에는 또 뿌리가 돋아나 여러 개의 뿌리가 곧게 땅으로 늘어져 진흙 속까지 뻗어 들어가 있었다. 일부 나뭇가지는 물 위까지 늘어져 있었다. 멀리서 보니, 마치 큰 나무 한 그루가 물 위에 누워있는 것 같았다.

용수나무는 한창 무성할 시기여서 마치 그것의 모든 생명력을 우리에게 내보이는 것 같았다. 그토록 많은 푸른 잎은 한 무더기가 또 다른 무더기 위에 쌓여 조금의 틈도 남기지 않았다.

그 청록의 빛깔은 맑고 환하게 우리의 눈앞에서 반짝거렸는데, 마치 파란잎 하나 하나에 모두 새로운 생명이 있어서 떨고 있는 것 같았다. 이 아름다운 남국의 나무여!

배는 나무 아래에서 잠시 정박하였다. 강기슭은 질퍽해서 우리는 올라가지 않았다. 친구는 이곳이 "새의 천국"이며, 많은 새들이 이 나무 위에 둥지를 틀고 농민들은 사람들이 그것들을 포획하지 못하도록 하였다고 말하였다. 나는 몇 마리의 새가 날개를 푸드덕거리는 소리를 들은 것 같아서 조심스레 가서 보니 새는 그림자 하나도 보이지 않았다. 단지 수없이 많은 나무 뿌리만이 땅 위로 뻗어나서 마치 수많은 나무 기둥 같았다. 땅은 젖어 있었는데 아마도 만조 때 물이 강기슭으로 치솟아 올라왔을 것이다. 새의 천국에 한 마리의 새도 없다니, 나는 이렇게 생각하지 않을 수 없었다. 그리하여 배가 출발하였다. 한 친구가 노를 젓고, 배는 천천히 강 중심으로 이동하였다.

그 다음 날, 우리는 배를 저어 한 친구의 고향으로 갔다. 그곳은 산이 있고 탑이 있는 곳이었다. 학교에서 출발하여 우리는 또 그 "새의 천국"을 지나갔다.

이번 일은 이른 아침에 있었다. 햇빛은 수면에도 나뭇가지 끝에도 눈부시게 비추이니, 모든 것이 대단히 맑고 환하게 드러났다. 우리는 또 배를 나무 아래에 잠시 정박시켰다. 처음에는 주위가 조용했었다. 나중에 갑자기 새가 지저귀는 소리가 났다. 우리가 박수를 한번 치자 큰 새가 날아 오르는 것이 보였다. 연이어 또 두 번째, 세 번째 새가 보였다. 우리가 계속해서 박수를 치니까 나무 위는 시끌벅적하게 변했는데, 사방이 다 새 소리요 어디나 다 새의 모습이었다. 큰 것, 작은 것, 알록달록한 것, 까만 것, 어떤 것은 나무 가지 위에 앉아 지저귀고 어떤 것은 날아 오르기도 하고, 또 어떤 것은 날개를 푸드덕거리고 있었다. 나는 주의 깊게 바라보며 눈을 떼지 못하고 이 놈을 잘 보고 있노라면 또 저 놈을 놓쳐버리고, 저 놈이 보이면 다른 놈이 또 날아 올랐다. 화미조(나이팅게일) 한 마리가 날아 나오다가 우리의 박수 소리에 놀라 다시 나뭇잎 더미속으로 날아 들어가더니, 작은 나무 가지 위에 앉아 흥분하듯 지저귀었는데 그 노랫소리는 정말로 듣기 좋았다.

작은 배가 탑 아래의 마을을 향하여 저어갈 때 나는 고개를 돌려 뒤로 내버려진 무성한 용수나무를 보았다. 나는 떠나기 아쉬운 마음이 조금 들었다. 어제는 내 눈이 나를 속였던 것이다. 그 "새의 천국"은 분명 새의 천국이다!

1933년 6월 광주에서

4. 乌篷船 (周作人)

子荣君：

接到手书, 知道你要到我的故乡去, 叫我给你一点什么指导。老实说, 我的故乡, 真正觉得可怀恋的地方, 并不是那里；但是因为在那里生长, 住过十多年, 究竟知道一点情形, 所以写这一封信告诉你。

我所要告诉你的, 并不是那里的风土人情, 那是写不尽的, 但是你到那里一看也就会明白的, 不必罗唆地多讲。我要说的是一种很有趣的东西, 这便是船。你在家乡平常总坐人力车, 电车, 或是汽车, 但在我的故乡那里这些都没有, 除了在城内或山上是用轿子以外, 普通代步都是用船。船有两种, 普通坐的都是"乌篷船", 白篷的大抵作航船用, 坐夜航船到西陵去也有特别的风趣, 但是你总不便坐, 所以我就可以不说了。乌篷船大的为 "四明瓦" (sy-menngoa), 小的为脚划船 (划读如uoa) 亦称小船。但是最适用的还是在这中间的 "三道", 亦即三明瓦。篷是半圆形的, 用竹片编成, 中夹竹箬, 上涂黑油, 在两扇 "定篷" 之间放着一扇遮阳, 也是半圆的, 木作格子, 嵌着一片片的小鱼鳞, 径约一寸, 颇有点透明, 略似玻璃而坚韧耐用, 这就称为明瓦。

三明瓦者, 谓其中舱有两道, 后舱有一道明瓦也。船尾用橹, 大抵两支, 船首有竹篙, 用以定船。船头着眉目, 状如老虎, 但似在微笑, 颇滑稽而不可怕, 唯白篷船则无之。三道船篷之高大约可以使你直立, 舱宽可以放下一顶方桌, 四个人坐着打马将, --这个恐怕你也已学会了罢？小船则真是一叶扁舟, 你坐在船底席上, 篷顶离你的头有两三寸, 你的两手可以搁在左右的舷上, 还把手都露出在外边。在这种船里仿佛是在水面上坐, 靠近田岸去时泥土便和你的眼鼻接近, 而且遇着风浪, 或是坐得少不小心, 就会船底朝天, 发生危险, 但是也颇有趣味, 是水乡的一种特色。不过你总可以不必去坐, 最好还是坐那三道船罢。

你如坐船出去, 可是不能像坐电车的那样性急, 立刻盼望走到。倘若出城, 走三四十里路 (我们那里的里程是很短, 一里才及英里三分之一), 来回总要预备一天。你坐在船上, 应该是游山的态度, 看看四周物色, 随处可见的山，岸旁的乌桕，河边的红蓼和白苹，渔舍，各式各样的桥，困倦的时候睡在舱中拿出随笔来看，或者冲一碗清茶喝喝。偏门外的鉴湖一带，贺家池，壶觞左近，我都是喜欢的，或者往娄公埠骑驴去游兰亭 (但我劝你还是步行，骑驴或者于你不很相宜)，到得暮色苍然的时候进城，上都挂着薜荔的东门来，倒是颇有趣味的事。倘若路上不平静，你往杭州去时可于下午开船，黄昏时候的景色正最好看，只可惜这一带地方的名字我都忘记了。

夜间睡在舱中，听水声橹声，来往船只的招呼声，以及乡间的犬吠鸡鸣，也都很有意思。雇一只船到乡下去看庙戏，可以了解中国旧戏的真趣味，而且在船上行动自如，要看就看，要睡就睡，要喝酒就喝酒，我觉得也可以算是理想的行乐法。只可惜讲维新以来这些演剧与迎会都已禁止，中产阶级的低能人别在"布业会馆"等处建起"海式"的戏场来，请大家买票看上海的猫儿戏。这些地方你千万不要去。—你到我那故乡，恐怕没有一个人认得，我又因为在教书不能陪你去玩，坐夜船，谈闲天，实在抱歉而且惆怅。川岛君夫妇现在偁山下，本来可以给你绍介，但是你到那里的时候他们恐怕已经离开故乡了。初寒，善自珍重，不尽。

十五年十一月十八日夜，于北京。

(1926年 11月作，选自 《泽泻集》)

4. 오봉선 (주작인)

즈룽 군에게

당신이 손수 쓴 편지를 받고 당신이 제 고향으로 가려는 것을 알게 되어 당신께 뭘 좀 가르쳐 드리려고 합니다. 솔직히 말하면, 제 고향, 제가 진정으로 그리워할 만하다고 생각하는 곳은 결코 그 곳이 아닙니다. 하지만 그 곳에서 성장하였고 십 여 년을 살아서 어쨌든 사정을 조금 알고 있기에 이 편지를 써서 당신께 알려드리겠습니다.

제가 당신에게 알려주려고 하는 것은, 결코 그곳의 풍토와 인정이 아니며, 그것은 다 쓸 수도 없습니다. 그러나 당신은 그곳에 가서 한 눈에 곧 알게 될 것이기 때문에 복잡하게 말할 필요가 없겠지요. 제가 말하려고 하는 것은 아주 흥미로운 것인데, 이것은 바로 배입니다. 당신은 고향에서 평소에 인력거나 전차 또는 자동차를 타겠지만, 제 고향에는 이러한 것들은 없고 성안이나 산에서 가마를 이용하는 일을 제하고는 일반적인 교통수단은 모두 배를 이용합니다. 배는 두 종류인데, 일반적으로 타는 것이 "우펑추완(乌篷船)"이고, 흰 뜸은 대개 정기선으로 쓰이며, 야항선을 타고 시링(西陵)에 가는 것은 또 특별한 재미가 있지만 당신이 아무래도 타기 불편하면 저도 더 이상 말을 하지 않을 수 있습니다. "우펑추완"의 큰 것은 "쓰밍와(四明瓦)"이고, 작은 것은 "지야오화추완(脚划船)"이며 또 작은 배라고도 합니다. 그러나 가장 적당한 것은 아무래도 이들 중간에 있는 "산따오(三道)", 즉 산밍와(三明瓦)입니다. 뜸은 반원형이며, 얇고 평평한 대나무 조각으로 엮여서 가운데에 대껍질이 끼워져 있고, 위에는 콜타르 같은 검은 기름이 발려 있는데, 양쪽의 "고정된 뜸" 사이에는 차양이 놓여져 있고, 그 또한 반원형입니다. 나무로 된 격자는 조각 조각의 고기 비늘 모양으로 새겨져 있으며, 직경이 약 한 치 정도 되고, 꽤 투명하여서 유리와 비슷하지만 강인한 내구성이 있는데, 이를 밍와(明瓦)라고 부릅니다.

산밍와(三明瓦)라는 것은 중간 선실에 두 개, 뒷편 선실에 한 개의 밍와가 있는 것을 말합니다. 배 끝은 대개 두 개의 노를 사용하고, 배 앞은 대나무 막대기가 있어 배를 고정시키는데 쓰입니다. 뱃머리는 눈썹과 눈을 붙여서 모습이 호랑이 같지만, 마치 웃고 있는 것 같아서 상당히 우스꽝스러우면서 무섭지 않은데, 다만 흰 뜸의 배는 이것이 없습니다. 산따오추완의 뜸의 높이는 대략 당신이 똑바로 선 키만하고, 선실의 폭은 네모난 테이블 하나를 놓고 네 사람이 앉아 마작을 할 수 있는데, 이것은 아마 당신도 이미 할 수 있을 테지요? 작은 배란 그야말로 작은 일엽편주인데, 당신이 배의 바닥자리에 앉으면, 뜸의 꼭대기가 당신의 머리에서 두세 치 거리 정도가 되고, 당신의 두 손은 양 쪽의 배 가장자리에 놓을 수 있고 또 손을 밖으로 내놓을 수도 있습니다. 이런 배 안에 있으면 마치 물 위에 앉아 있는 것 같고, 논두렁에 가까워질 때에는 진흙이 당신의 눈과 코에 가까워지고 게다가 풍랑을 만나거나 조금만 조심해서 앉지 않으면, 곧 배 밑이 하늘을 향하고(뒤집히고) 위험한 상황이 발생할 수가 있지만, 이 또한 상당히 흥미가 있으니, 수향(水乡)의 한 특색인 것이지요. 그런데 당신은 꼭 타지 않아도 되지만, 그래도 제일 좋은 것은 그 산따오추완을 타는 것이겠지요.

당신이 가령 배를 타고 나간다면 절대로 전차를 탈 때처럼 성급하게 즉시 가기를 바랄 수 는 없습니다. 만약 성밖으로 나간다면 삼사십 리는 가야 하는데(우리 고향의 길을 세는 이정은 짧은데 1리가 3분의 1마일입니다.), 왕복에 아무래도 하루는 잡아야 합니다. 당신이 배를 타서는 당연히 산을 노니는 태도로 사방의 경치와 여기저기에 보이는 산, 강기슭의 오구목, 강가의 붉은 여뀌와 개구리밥, 그리고 어가와 여러가지 모양의 다리들을 둘러보다가, 피곤하면 선실에서 자다 수필을 꺼내 보거나, 혹은 녹차 한 잔을 끓여 마실 수도 있습니다. 피엔먼(偏门)밖의 지엔후(鉴湖)일대와 흐어지아(贺家)연못, 그리고 후샹(壶觞)부근은 모두 제가 좋아하는 곳이며, 혹은 로우꿍뿌(娄公埠)로 나귀를 타고 란팅(兰亭)에 가서(그러나 저는 당신께 아무래도 걸어가 보라고 권합니다. 나귀를 타는 것이 혹 당신에게 그다지 맞지 않을 수도 있으니까요. 땅거미가 짙게 내리 깔릴 때 즈음 성안으로 들어가서 온통 담쟁이가 걸려 있는 동문으로 오면 의외로 상당히 재미있는 일이지요. 만약 길이 고르지 않아, 항저우(杭州)로 갈 때 오후에 배를 몰면 황혼이 질 때의 경치가 정말 아름다운데요, 다만 안타깝게도 제가 그 일대의 이름을 모두 잊어버렸습니다. 밤에 선실에서 잠을 청할 때 물소리, 노젓는 소리와 오고 가는 배에서 부르는 소리, 그리고 마을에서 개가 짖고 닭이 우는 소리들을 듣는 것도 꽤 재미있습니다. 배를 한 척 빌려 시골마을로 가서 사당에서 하는 연극을 보는 것은, 중국 고전극의 진짜 흥취를 이해할 수 있을 뿐만 아니라, 배 위에서는 행동이 자유로와,

보고 싶으면 보고, 자고 싶으면 자고, 술을 마시고 싶으면 마시는 것도 저는 이상적인 행락의 방법이라고 생각합니다. 다만 안타깝게도 유신운동 이후로는 이러한 연극과 연회가 다 금지 되었는데, 중산계층의 교육을 제대로 받지 못한 사람들은 별도로 "방직업회관" 등과 같은 곳에 상하이 풍의 극장을 세워, 사람들이 표를 사서 상해의 마오얼연극(猫儿戏)을 보도록 하였습니다. 이런 곳은 절대로 가지 마세요. 당신이 제 고향에 가면 아마 아무도 당신을 알아보지 못할텐데, 저는 학교 수업 때문에 당신을 모시고 놀러 가고, 밤 배를 타고, 이야기를 나눌 수가 없어서 정말로 송구스럽고 낙담이 됩니다. 추완다오(川岛)군 부부가 지금 칭샨(偁山)에 있어서, 원래 당신에게 소개할 수 있었지만, 당신이 그 곳에 도착할 때에는 그들은 아마 이미 고향을 떠날 겁니다. 초겨울에 몸 조심하시고 이만 줄입니다.

(민국)15년 11월 18일 밤 북경에서

5. 背影 (朱自清)

我与父亲不相见已二年余了，我最不能忘记的是他的背影。那年冬天，祖母死了，父亲的差事也交卸了，正是祸不单行的日子，我从北京到徐州，打算跟着父亲奔丧回家。到徐州见着父亲，看见满院狼藉的东西，又想起祖母，不禁簌簌地流下眼泪。父亲说，“事已如此，不必难过，好在天无绝人之路！”

回家变卖典质，父亲还了亏空；又借钱办了丧事。这些日子，家中光景很是惨淡，一半为了丧事，一半为了父亲赋闲。丧事完毕，父亲要到南京谋事，我也要回北京念书，我们便同行。

到南京时，有朋友约去游逛，勾留了一日；第二日上午便须渡江到浦口，下午上车北去。父亲因为事忙，本已说定不送我，叫旅馆里一个熟识的茶房陪我同去。他再三嘱咐茶房，甚是仔细。

但他终于不放心，怕茶房不妥帖；颇踌躇了一会。其实我那年已二十岁，北京已来往过两三次，是没有甚么要紧的了。他踌躇了一会，终于决定还是自己送我去。我两三回劝他不必去；他只说，“不要紧，他们去不好！”

我们过了江，进了车站。我买票，他忙着照看行李。行李太多了，得向脚夫行些小费，才可过去。他便又忙着和他们讲价钱。我那时真是聪明过分，总觉他说话不大漂亮，非自己插嘴不可。但他终于讲定了价钱；就送我上车。他给我拣定了靠车门的一张椅子；我将他给我做的紫毛大衣铺好坐位。他嘱我路上小心，夜里警醒些，不要受凉。又嘱托茶房好好照应我。我心里暗笑他的迂；他们只认得钱，托他们直是白托！而且我这样大年纪的人，难道还不能料理自己么？唉，我现在想想，那时真是太聪明了！

我说道，“爸爸，你走吧。”他望车外看了看，说，“我买几个橘子去。你就在此地，不要走动。”我看那边月台的栅栏外有几个卖东西的等着顾客。走到那边月台，须穿过铁道，须跳下去又爬上去。父亲是一个胖子，走过去自然要费事些。我本来要去的，他不肯，只好让他去。我看见他戴着黑布小帽，穿着黑布大马褂，深青布棉袍，蹒跚地走到铁道边，慢慢探身下去，尚不大难。可是他穿过铁道，要爬上那边月台，就不容易了。他用两手攀着上面，两脚再向上缩；他肥胖的身子向左微倾，显出努力的样子。这时我看见他的背影，我的泪很快地流下来了。我赶紧拭干了泪，怕他看见，也怕别人看见。我再向外看时，他已抱了朱红的橘子望回走了。过铁道时，他先将橘子散放在地上，自己慢慢爬下，再抱起橘子走。到这边时，我赶紧去搀他。他和我走到车上，将橘子一股脑儿放在我的皮大衣上。于是扑扑衣上的泥土，心里很轻松似的，过一会说，"我走了；到那边来信！"我望着他走出去。他走了几步，回过头看见我，说，"进去吧，里边没人。"等他的背影混入来来往往的人里，再找不着了，我便进来坐下，我的眼泪又来了。

近几年来，父亲和我都是东奔西走，家中光景是一日不如一日。他少年出外谋生，独力支持，做了许多大事。那知老境却如此颓唐！他触目伤怀，自然情不能自已。情郁于中，自然要发之于外；家庭琐屑便往往触他之怒。他待我渐渐不同往日。但最近两年的不见，他终于忘却我的不好，只是惦记着我，惦记着我的儿子。/我北来后，他写了一信给我，信中说道，"我身体平安，惟膀子疼痛利害，举箸提笔，诸多不便，大约大去之期不远矣。"我读到此处，在晶莹的泪光中，又看见那肥胖的，青布棉袍，黑布马褂的背影。唉！我不知何时再能与他相见！

1925年 10月 于北京

5. 뒷 모습 (주자청)

나와 아버지가 서로 만나지 못한지 벌써 2년이 넘었는데, 내가 가장 잊을 수 없는 것은 아버지의 뒷모습이다. 그 해 겨울, 할머니가 돌아가시고 아버지의 직무도 인계되어서 불행이 엎친 데 덮친 날들이었다. 나는 북경에서 서주(徐州)로 가서, 아버지를 따라 상을 치르러 집으로 돌아갈 생각이었다. 서주에 가서 아버지를 뵙고, 온 마당에 난잡하게 어질러진 물건들을 보고는, 또 할머니 생각이 나서 나도 모르게 눈물이 뚝뚝 떨어졌다. 아버지가 말씀하셨다. "일이 이미 이렇게 되었으니, 슬퍼하지 말아라. 다행히 하늘은 인간의 길을 끊어버리지 않는다.(하늘이 무너져도 솟아날 구멍이 있다고 하지 않더냐.)"

집으로 돌아온 뒤 팔 것은 팔고 저당 잡힐 것은 잡혀서 아버지는 빚을 갚았지만 장례를 치르느라 또 돈을 빌렸다. 이러한 날들에 집안 사정은 너무나도 암담하여, 빌린 돈의 반은 장례를 치르는데 쓰고 나머지 반은 아버지의 실직으로 써 버리고 말았다. 장례식을 다 치른 뒤, 아버지는 일자리를 알아보려고 남경으로 가야 하셨고, 나도 공부하러 북경으로 돌아가야 했기에 아버지와 나는 동행을 하게 되었다.

남경에 도착해서 관광을 하기로 약속을 한 친구가 있어서 하루 동안 머물게 되었다. 이튿날 오전에 강을 건너 포구에 가서 오후에는 북경행 기차를 타기로 하였다. 아버지는 일이 바쁘셔서 원래 나를 배웅하지 않겠다고 말씀하셨고, 여관에 잘 아는 심부름꾼에게 나를 데리고 가도록 하셨다. 아버지는 심부름꾼에게 여러 번 부탁하셨고 너무나도 세심하셨다.

그러나 아버지는 결국에는 마음이 놓이지 않으셨는지, 심부름꾼이 마땅치 않은 듯 한참을 망설였다. 사실 나는 그 해에 이미 스무 살이나 되었고 두 세 번 북경을 오고 갔기 때문에 그다지 문제 될 것은 없었다. 그는 잠시 망설이시더니 결국에는 아무래도 당신이 직접 나를 배웅하겠다고 결정하셨다. 나는 몇 번이나 가실 필요가 없다며 만류했지만 아버지는 이 말씀만 하실 뿐이었다. "괜찮아, 그 놈들이 가는 건 안 좋겠다!"

우리는 강을 건너서 역으로 들어갔다. 내가 표를 사고 아버지는 분주히 짐을 지키셨다. 짐이 너무 많아서 짐꾼에게 돈을 좀 주어야 움직일 수 있었다.

아버지는 또 다시 분주히 짐꾼들과 흥정을 하셨다. 나는 그 때 너무나도 똑똑해서 아버지의 말씀이 시원스럽지 못 하다는 생각이 들어 말참견을 하지 않을 수가 없었다. 하지만 기어코 아버지는 짐삯을 흥정하셔서 내가 차를 타도록 배웅하셨다. 아버지는 나에게 차 창가의 자리를 하나 잡아 주셨고, 나는 아버지가 만들어 주신 보라색 털외투를 자리에 깔았다. 아버지는 나더러 길 조심하라시면서, 밤에는 깨어 있어서, 감기 안 들게 주의하라고 하셨다. 또 심부름꾼에게 나를 잘 보살펴 달라고 부탁까지 하셨다. 나는 속으로 아버지의 어리석음을 비웃었다. 그 사람들은 돈 밖에 모르는데 부탁해 봤자 정말 쓸 데 없는 짓이지! 게다가 내가 이만한 나이에 설마 내 일 하나 처리 못 할까 봐? 아, 지금에 와서 생각해 보니 그 때 나는 너무 똑똑하게 굴었던 것 같다.

나는 말하였다. "아버지, 그만 가세요." 아버지는 창 밖을 쳐다 보다가 말씀하셨다. "내 가서 귤 좀 사오마. 넌 여기 있거라, 움직이지 말고." 내가 저 쪽 플랫폼 울타리 밖을 보니 몇 명의 장사꾼들이 손님을 기다리고 있었다. 그 쪽 플랫폼으로 걸어가려면 반드시 철길을 가로질러야 했고, 뛰어내렸다가 다시 기어 올라가야 했다. 아버지는 뚱뚱하신 분이어서 걸어가는 일이 자연히 힘이 좀 들었다. 내가 원래 가려고 했지만, 아버지가 원하지 않으셔서 가시게 놔둘 수 밖에 없었다. 나는 검은색 중절모를 쓰고 검은색 마고자에 남색 두루마기를 입으신 아버지가 뒤뚱거리며 철길 가로 가셔서 천천히 몸을 굽히고 내려가시는 것을 보았는데 그런대로 괜찮았다. 그러나 철길을 지나시고 저 쪽 편 플랫폼에 기어올라야 하는 것은 그리 쉽지 않았다. 아버지는 양 손으로 윗 쪽을 잡고 두 다리는 또 위로 오므리셨다. 아버지의 비만한 몸이 왼쪽으로 약간 기울면서 안간힘을 쓰는 모습이 역력했다. 이 때 나는 아버지의 뒷모습을 보았고, 눈물이 빠르게 흘러내렸다. 나는 아버지에게 들킬까 봐, 또 다른 사람들이 볼까 봐 재빨리 눈물을 닦았다. 내가 다시 밖을 내다 보았을 때 아버지는 이미 주홍색 귤을 품에 안고 돌아오고 계셨다. 철길을 지날 때 아버지는 먼저 귤을 땅에 던져놓고 천천히 기어 내려서는 다시 귤을 안고 오셨다. 이쪽에 다다랐을 때 나는 재빨리 아버지를 부축했다. 아버지와 나는 차에 올라갔고, 귤을 몽땅 내 가죽 코트에 놓으셨다. 그리고서는 옷의 흙을 털면서 마음이 놓이신 듯 잠시 후 말씀하셨다. "이만 가보마. 도착하면 편지 쓰거라." 나는 아버지가 나가시는 것을 바라보았다. 아버지는 몇 걸음 채 가시지도 않고 고개를 돌려 나를 보고 말씀하셨다. "들어가라. 안에 아무도 없잖냐." 아버지의 뒷모습이 오가는 사람들 속에 휩싸여 들어 더 이상 찾을 수 없게 되자 나는 차 안에 들어와 앉았다. 내 눈물이 다시 흘렀다.

요 몇 년간 아버지와 나는 서로 몹시 바빴고, 집안 상황은 하루가 다르게 나빠졌다. 아버지는 어려서부터 객지로 나가 생계를 도모하셨고, 혼자 힘으로 지탱하시면서 많은 큰일들을 하셨다. 노년이 이렇게 참담할 줄은 어찌 알았겠는가! 아버지는 보이는 것마다 다 마음이 상하니, 당신도 어쩔 수 없어하시는 것 같았다. 마음이 괴로우니 밖으로 폭발하는 것은 당연하였고, 집안의 사소한 일들은 종종 아버지의 화를 자극하였다. 아버지가 나를 대하는 것도 차츰 옛날과 달라졌다. 하지만 최근 2년 동안 뵙지 못 하면서 아버지는 결국 나의 불효조차 잊으시고 다만 나를 그리워하시고, 또 나의 아들을 보고 싶어 하셨다. 내가 북경에 온 뒤로 아버지는 내게 편지 한 통을 쓰셨다. 편지에서 말씀하시기를, "나는 편안하다. 단지 어깨 통증이 심해서 젓가락을 들고 펜을 쥐는 것이 다 쉽지가 않구나. 아마 죽을 날이 멀지 않은 것 같구나."라 하였다. 나는 여기까지 읽고는, 맑은 눈물방울 속에서 또 그 뚱뚱하고 청색 저고리에 검은색 마고자를 걸친 뒷모습을 보았다. 아, 언제 다시 아버지를 뵐 수 있을까!

1925년 10월 북경에서.

6. 阿Q正传 序 (鲁迅)

第一章 序

我要给阿Q做正传，已经不止一两年了。但一面要做，一面又往回想，这足见我不是一个"立言"的人，因为从来不朽之笔，须传不朽之人，于是人以文传，文以人传——究竟 谁靠谁传，渐渐的不甚了然起来，而终于归结到传阿Q，仿佛思想里有鬼似的。然而要做这一篇速朽的文章，才下笔，便感到万分的困难了。

第一是文章的名目。孔子 曰，"名不正则言不顺"。这原是应该极注意的。传的名目很繁多：列传，自传，内传，外传，别传，家传，小传……，而可惜都不合。"列传"么，这一篇并非和许多阔人排 在"正史"里；"自传"么，我又并非就是阿Q。说是"外传"，"内传" 在那里呢？倘用"内传"，阿Q又决不是神仙。"别传"呢，阿Q实在未曾有大总统上谕宣付国史馆立"本传"——虽说英国正史上并无"博徒列传"，而文豪迭更司也做过≪博徒别传≫这一部书，但文豪则可，在我辈却不可。其次是"家传"，则我既不知与阿Q是否同宗，也未 曾受他子孙的拜托；或"小传"，则阿Q又更无别的"大传"了。总而言之，这一篇也便是 "本传"，但从我的文章着想，因为文体卑下，是"引车卖浆者流"所用的话，所以不敢 僭称，便从不入三教九流的小说家所谓"闲话休题言归正传"这一句套话里，取出"正传"两个字来，作为名目，即使与古人所撰≪书法正传≫的"正传"字面上很相混，也顾不得了。

(중략부분) 第二，立传的通例，开首大抵该是"某，字某，某地人也"，而我并不知道阿Q姓什么。有一回，他似乎是姓赵，但第二日便模糊了。那是赵太爷的儿子进了秀才的时候，锣声 镗镗的报到村里来，阿Q正喝了两碗黄酒，便手舞足蹈的说，这于他也很光采，因为他和赵 太爷原来是本家，细细的排起来他还比秀才长三辈呢。其时几个旁听人倒也肃然的有些起敬了。那知道第二天，地保便叫阿Q到赵太爷家里去；太爷一见，满脸溅朱，喝道："阿Q，你这浑小子！你说我是你的本家么？" 阿

Q 不开口。赵太爷愈看愈生气了，抢进几步说：“你敢胡说！我怎么会有你这样的本家？你姓赵么？”阿 Q 不开口，想往后退了；赵太爷跳过去，给了他一个嘴巴。“你怎么会姓赵！——你那里配姓赵！”阿 Q 并没有抗辩他确凿姓赵，只用手摸着左颊，和地保退出去了；外面又被地保训斥了一番，谢了地保二百文酒钱。知道的人都说阿 Q 太荒唐，自己去招打；他大约未必姓赵，即使真姓赵，有赵太爷在这里，也不该如此胡说的。此后便再没有人提起他的氏族来，所以我终于不知道阿 Q 究竟什么姓。

第三，我又不知道阿 Q 的名字是怎么写的。他活着的时候，人都叫他阿 Quei，死了以后，便没有一个人再叫阿 Quei 了，那里还会有“著之竹帛”的事。若论“著之竹帛”，这篇文章要算第一次，所以先遇着了这第一个难关。我曾仔细想：阿 Quei，阿桂还是阿贵呢？倘使他号月亭，或者在八月间做过生日，那一定是阿桂了；而他既没有号——也许有号，只是没有人知道他，——又未尝散过生日征文的帖子：写作阿桂，是武断的。又倘使他有一位老兄或令弟叫阿富，那一定是阿贵了；而他又只是一个人：写作阿贵，也没有佐证的。其余音 Quei的偏僻字样，更加凑不上了。先前，我也曾问过赵太爷的儿子茂才先生，谁料博雅如此公，竟也茫然，但据结论说，是因为陈独秀办了《新青年》提倡洋字，所以国粹沦亡，无可查考了。我的最后的手段，只有托一个同乡去查阿 Q 犯事的案卷，八个月之后才有回信，说案卷里并无与阿 Quei 的声音相近的人。我虽不知道是真没有，还是没有查，然而也再没有别的方法了。生怕注音字母还未通行，只好用了“洋字”，照英国流行的拼法写他为阿 Quei，略作阿 Q。这近于盲从《新青年》，自己也很抱歉，但茂才公尚且不知，我还有什么好办法呢。

第四，是阿 Q 的籍贯了。倘他姓赵，则据现在好称郡望的老例，可以照《郡名百家姓》上的注解，说是“陇西天水人也”，但可惜这姓是不甚可靠的，因此籍贯也就有些决不定。他虽然多住未庄，然而也常常宿在别处，不能说是未庄人，即使说是“未庄人也”，也仍然有乖史法的。我所聊以自慰的，是还有一个“阿”字非常正确，绝无附会假借的缺点，颇可以就正于通人。至于其余，却都非浅学所能穿凿，只希望有“历史癖与考据癖”

的胡适之先生的门人们, 将来或者能够寻出许多新端绪来, 但是我这《阿Q正传》到那时却又怕早经消灭了。以上可以算是序。

6. 아Q정전 서문 (노신)

내가 아큐를 위하여 정전을 쓰려고 한 것은 일이 년 전부터의 일이 아니었다. 그런데, 쓰려고 하면서도 한편으로 돌이켜 생각해보면, 이것은 내가 명언을 남길 사람이 아님을 잘 보여준다. 그 이유는 예로부터 불후의 문장은 반드시 불후의 인간을 전하는 것이고, 그리하여 사람은 문장에 의해 전해지고, 문장은 사람에 의해 전해지는 것이라, 도대체 누가 누구에 의해서 전해진다는 것인지 점점 모호해져서, 결국 아큐의 이야기를 전한다는 것에 생각이 미치자, 마치 생각이 귀신에게라도 홀린 듯하다. 그런데 금새 사그라져버릴 이 글을 쓰려고 이제 펜을 드니 많은 어려움을 느낀다.

첫째로, 이 글의 명칭이다. 공자 말씀에 "이름이 바르지 못하면 말이 순조롭지 못하다." 라고 했듯이 이는 본디 대단한 주의를 기울여야 할 것이다. 전기의 명칭은 매우 많다. 열전(列傳), 자전(自傳), 내전(內傳), 외전(外傳), 별전(別傳), 가전(家傳), 소전(小傳)……. 하지만 안타깝게도 모두 합당하지 않다. '열전'이라고 하자니 이 글은 결코 수많은 위인들과 더불어 '정사(正史)' 속에 들어가지는 못한다. '자전'이라고 하자니 또한 나는 결코 아큐가 아니다. '외전'이라고 말한다면 '내전'은 어디에 있는가? 만약 '내전'이라고 한다 해도 아큐는 결코 신선이 아니다. '별전'은 어떤가? 아큐는 사실 일찍이 대통령의 칙서가 국사관에 아큐의 본전(本傳)을 세우라 명한 적도 없다. 비록 영국의 '정사'에는 결코 《Rodney stone 열전(박도별전-博徒別傳)》이라는 것이 없는데도, 문호 디킨즈도 《Rodney stone 열전》을 쓴 적이 있다고 말하지만, 그러나 대문호이기에 가능했던 것이고, 나 따위에게는 오히려 불가능한 일이다.

다음으로 '가전'인데 나는 아큐와 종씨인지 아닌지 모를 뿐 만 아니라 여태껏 그의 자손들로부터 부탁을 받은 적도 없다. 또 '소전'이라 하자니 더욱이 아큐에게는 또한 별도로 '대전'이라는 것도 없다. 종합해서 말한다면 이 글은 역시 '본전'이 되지만, 나의 글을 놓고 생각해 보면 문체가 속되고, 행상꾼들이나 쓰는 말이어서, 감히 칭하기에는 어림도 없고, 삼교구류(三教九流)에도 들지 못하는 소설가의 소위 '이야기가 본론으로 들어가다.'라는 상투적인 말에서 '정전'이라는 두 글자를 취해서 명칭으로 삼으니, 가령 옛 사람이 편찬한 《서법정전(書法正傳)》의 '정전'이라는 글자가 서로 혼동된다 하여도, 거기까지 고려할 겨를이 없다.

...(중략 부분, 제2장)...

셋째로, 나는 또 아큐의 이름을 어떻게 쓰는 것인지 모르겠다. 그가 살아 있을 때 사람들은 그를 아쿠이(아Quei)라고 불렀지만, 죽은 뒤에는 아무도 아큐라 부르는 사람은 아무도 없었으니, 어떻게 '어떤 사실을 기록으로 남겨 후세에 전한다.'는 일이 또 있을수 있겠는가? 만약 역사에 이름을 기록한다는 것을 논하자면 이 글이 최초가 되어서 첫 번째 난관에 부딪치게 된 것이다. 나는 일찍이 곰곰이 생각해 본 적이 있다. 아쿠이가 아꾸이(阿桂)나 아꾸이(阿貴)가 아닌가 하고.

만일 그의 호(號)가 위에팅(月亭)이거나, 또는 팔월 중 그의 생일을 지낸다면 그렇다면 분명 아꾸이(阿桂)이다. 그렇지만 그에게는 호가 없을 뿐 아니라 있다 하더라도 아는 사람이 없다. 또 생일축하 시문을 구하는 초대장을 뿌린적도 없으니까 아꾸이(阿桂)로 쓰는 것은 독단일 것이다. 또 만약 그에게 아푸(阿富)라고 불리는 형이나 동생이 있었다면 분명 아꾸이(阿貴)가 맞지만, 그는 단지 혼자였기 때문에 아꾸이(阿貴)라 쓰는 것도 근거가 없다. 이 밖에 Quei로 발음되는 생소한 글자들은 더욱 맞아 떨어지지 않는다. 이전에 나는 자오(趙) 영감의 아들인 무재(茂才) 선생에게도 물어본 적이 있는데, 그렇게 박식하신 분도 막막해 하실 줄은 누가 예상했으랴! 그러나, 결론적으로 말하자면 이것은 진독수(陳獨秀)의 《신청년(新青年)》에서 서양 문자를 쓰자는 주장을 내세웠기 때문에, 국수(國粹)적인 것이 소실되어 조사할 길이 없다. 나의 최후의 수단은 단지 한 고향 사람에게 아큐의 범죄 조서를 찾아봐 달라고 부탁하는 것이었다. 8개월 후에야 회신이 왔고, 조서에는 아Quei라는 발음과 비슷한 사람이 결코 없다는 것이었다. 나는 정말로 없는 것인지 아니면 찾아 보지 않은 것인지 알 수는 없었으나 더 이상 다른 방법이 없었다. 아마도 주음부호가 아직 통용되지 않은 것 같아 할 수 없이 '서양자모'를 사용해 영국에서 유행하는 철자법을 따라 아 'Quei'라고 쓰고, 줄여서 '아Q'라고 했다. 이것은 ≪신청년≫을 무턱대고 따르는 것 같아서 나 자신도 미안하지만 무재(茂才)조차도 모르니, 나 또한 무슨 뾰족한 수가 있겠는가?

넷째로, 아큐의 출생지이다. 만일 그의 성이 자오(趙)씨라면 군내에 명망있는 집안을 칭찬하는 관례에 따라 ≪군명백가성(郡名百家姓)≫의 주해대로 '농서(隴西) 천수(天水)사람이니라.' 라고 말할 수 있지만 유감스럽게도 이 성(姓)은 그다지 믿을 만한 것이 못 되기 때문에 출생지도 좀처럼 결정할 수 없었다. 비록 그는 미장(未莊)에서 오래 살기는 했지만, 항상 다른 곳에서 묵었기 때문에 미장 사람이라고 말할 수 없고, 만일 '미장 사람이니라.'라고 하는것도 여전히 역사 기술 방법에 어긋나는 것이다.

내가 약간이나마 스스로 위안을 삼을 수 있는 것은 '阿'자 한 자만은 매우 정확하여 억지로 갖다 붙이거나 빌려 쓴 결점이 전혀 없기 때문에 충분히 전문가에게 평을 들어볼 수 있다. 그 외의 것에 대해서는 오히려 배운 것이 적은 나로서는 더 이상 파고들 수 없고, 단지 역사적 연구와 고증적 연구에 병적인 호적(胡適) 선생의 제자들이 앞으로 혹시 새로운 단서를 많이 찾아낼 수도 있으리라는 기대를 하고 있을 뿐이지만, 나의 이 ≪아큐정전≫이 그 때가 되면 아마 벌써 소멸되어 버렸을 것이다.

이상을 서문(序文)으로 삼을 수 있다.

7. 野草（夏衍）

有这样一个故事。

有人问：世界上什么东西的气力最大？回答纷纭得很，有的说象，有的说狮子，有人开玩笑似的说，是金刚。金刚有多少气力，当然大家全不知道。

结果，这一切答案完全不对，世界上气力最大的是植物的种子。一粒种子可以显现出来的力，简直是超越一切的。

这儿又是一个故事。

人的头盖骨结合得非常致密，坚固。生理学家和解剖学家用尽了一切的方法，要把它完整地分开来，都没有成功。后来忽然有人发明了一个方法，就是把一些植物的种子放在要剖析的头盖骨里，给与温度和湿度，使种子发芽。一发芽，这些种子便以可怕的力量，将一切机械力所不能分开的骨骼，完整地分开了。植物种子力量之大如此。

这也许特殊了一点，常人不容易理解。那么，你见过被压在瓦砾和石块下面的一棵小草的生成吗？它为着向往阳光，为着达成它的生之意志，不管上面的石块如何重，石块与石块之间如何狭，它总要曲曲折折地，但是顽强不屈地透到地面上来。它的根往土里钻，它的芽往上面挺，这是一种不可抗的力，阻止它的石块结果也被它掀翻。一粒种子力量之大如此。

没有一个人将小草叫做大力士，但是它的力量之大，的确世界无比。这种力是一般人看不见的生命力。只要生命存在，这种力量就要显现，上面的石块丝毫不足以阻挡它，因为这是一种“长期抗战”的力，有弹性，能屈能伸的力，有韧性，不达目的不止的力。

如果不落在肥土中而落在瓦砾中，有生命的种子决不会悲观，叹气，它相信有了阻力才有磨炼。生命开始的一瞬间就带着斗志而来的草才是坚韧的草，也只有这种草，才可以对那些玻璃棚中养育的盆花嗤笑。

7. 들 풀 (하연)

이런 이야기가 하나 있다. 어떤 사람이 질문을 했다: 세상에서 어떤 것의 힘이 제일 클까? 답은 참 많았는데, 어떤 이는 코끼리라고 말하고, 어떤 이는 사자라고 말하고 어떤 사람은 농담처럼 번데기라고 말했다. 번데기가 얼마큼의 힘이 있는지는 당연히 모두 다 모른다.

결과적으로, 이 모든 답은 완전히 틀리다. 세계에서 힘이 가장 큰 것은 식물의 씨다. 한 알의 씨앗이 낼 수 있는 힘이란 그야말로 모든 것을 능가하는 것이다.

여기 또 한 이야기가 있다. 사람의 두개골은 대단히 치밀하고 단단하게 결합되어 있다. 생리학자와 해부학자들이 모든 방법을 다해 그것을 완전하게 쪼개려 하였지만 다 성공하지 못했다. 후에 문득 어떤 사람이 한 방법을 발명해 냈는데, 곧 식물의 씨앗들을 해부하고자 하는 두개골 안에 넣고, 온도와 습도를 공급하여, 씨앗이 싹을 내게 하였다. 일단 발아하기만 하면 이 씨앗들은 곧 무서운 힘으로써, 온갖 기계의 힘으로도 쪼갤 수 없는 바의 골격을 완벽하게 쪼개낸다. 식물의 씨앗은 그 역량이 이 정도나 된다.

이는 아마도 좀 특수해서, 일반 사람은 이해하기 쉽지 않을 것이다. 그렇다면 당신은 기와조각과 돌 밑에 눌려있는 작은 풀을 본적이 있는가? 그것은 햇빛을 향하기 위해, 그것의 삶의 의지를 달성하기 위해, 위의 돌이 얼마나 무겁고, 돌과 돌 사이가 얼마나 비좁은지 상관치 않고 언제나 구불구불하게, 그러나 완강하게 버티어 지면으로 뚫고 나온다. 그것의 뿌리는 흙 속으로 뚫고, 그것의 싹은 지상으로 뻗는데, 이는 일종의 저항할 수 없는 힘이고, 그것을 저지하던 돌멩이는 결국 그것에 의해 뒤집히게 된다. 씨앗 한 알의 힘의 크기가 이 정도나 된다.

어린 풀을 장사라고 부르는 사람은 없지만, 그것의 힘의 크기는 확실히 세상에 비할 바가 없다. 이런 힘은 보통 사람들이 볼 수 없는 생명력이다. 생명이 존재하기만 하면 이러한 힘이 드러나는데, 윗 쪽의 돌이 털끝만큼도 그것을 가로막지 못한다. 왜냐하면 이것은 오랜 기간동안 항거해온 힘, 유연성이 있어서 굽혔다 폈다 할 수 있는 힘, 견인성이 있어서 목표에 도달하지 않으면 멈추지 않는 힘이기 때문이다.

만일 비옥한 땅에 떨어지지 않고 벽돌이나 기왓장조각에 떨어졌다 해도, 생명이 있는 씨앗은 결코 비관하고, 한탄할 줄 모르며, 그것은 저지하는 힘이 있어야지 단련이 있다고 믿는다. 생명이 시작되는 순간이면 투지를 가지고 오는 풀이야말로 견인한 풀이며, 이런 풀만이 비닐하우스 안에서 배양한 화분의 꽃을 비웃을 수 있다.

二. 연습문제의 정답

제 1 과

번역연습

1. 차부뚜어선생의 이름은 매일 모두의 입에 오르내리는데 그는 중국 전 국민의 대표이기 때문입니다.
2. 코와 입이 있지만 그는 냄새와 맛에 그다지 신경쓰지 않습니다. 그는 머리가 작지도 않은데, 그의 기억력은 그다지 좋지 못하고 그의 생각 역시 세밀하지 못합니다.
3. 모든 일은 비슷하기만 하면 되는데, 구태여 너무 꼼꼼할 필요가 있을까?
4. 그는 히죽거리며 조용히 사죄하며 말하였습니다. "'千' 자는 '十'자보다 작은 삐침 하나가 많은 것 뿐인데, 큰 차이가 없지 않나요?

심화연습

你知道中国最有名的人是谁？ 提起此人，人人皆晓，处处闻名；他姓差，名不多，是各省各县各村人氏。你一定见过他，一定听过别人谈起他。差不多先生的名字，天天挂在大家的口头，因为他是中国全国人的代表。

差不多先生的相貌和你我都差不多。他有一双眼睛，但看得不很清楚；有两只耳朵，但听得不很分明；有鼻子和嘴，但他对于气味和口味都不很讲究；他的脑子也不小，但他的记性却不很精明，他的思想也不很细密。

他常常说："凡事只要差不多就好了，何必太精明呢？"

他小的时候，他妈妈叫他去买红糖，他买了白糖回来。他妈骂他，他摇摇头说道："红糖白糖不是差不多吗？"

他在学堂的时候，先生问他："直隶省的西边是哪一省？"他说是陕西。先生说："错了。是山西，不是陕西。"他说："陕西同山西不是差不多吗？"

后来他在一个钱铺里做伙计，他也会写，也会算，只是总不会精细。"十"字常常写成"千"字，"千"字常常写成"十"字。掌柜的生气了，常常骂他。他只笑嘻嘻地赔小心道："'千'字比'十'字只多一小撇，不是差不多吗？"

문제 1. 差不多先生看东西看得怎么样？

정답: 他看得不很清楚。

문제 2. 差不多先生说山西省和陕西省差不多，他以为这两省哪方面差不多？

정답: 他以为陕西和山西两个名字的发音差不多一样。

문제 3. 差不多先生把'十'字常常写成'千'字，'千'字常常写成'十'字，因此掌柜的常常骂他，他怎么反应？

정답: 他只笑嘻嘻地赔小心。

문제 4. 정답: ② 仔细 - 신경 쓰다. 주의하다

문제 5. 정답: ④ 道歉 - 사죄하다

제 2 과

번역연습

1. 그는 공연히 눈을 부릅뜨고는 멀리 기차의 연기를 바라보며 고개를 저으며 말하였습니다.

2. 그 사람은 급히 달려가서 단시간에 동쪽 길의 汪선생을 찾을 수 없자, 서쪽 길의 수의사 王선생을 모셔왔습니다.
3. 한 시간도 되지 않아 차부뚜어선생은 그만 황천길로 가게 되었습니다.
4. 사람들은 그가 일생 동안 진지하려고 하거나 끝장을 내려 하지 않았고 세세하게 따지지 않았던, 진실로 덕망이 있는 사람이라고 말하였습니다.

심화연습

有一天，他为了一件要紧的事，要搭火车到上海去。他从从容容地走到火车站，迟了两分钟，火车已开走了。他白瞪着眼，望着远远的火车上的煤烟，摇摇头道："只好明天再走了，今天走同明天走，也差不多。可是火车公司未免太认真了。八点三十分开，同八点三十二分开，不是差不多吗？"他一面说，一面慢慢地走回家。心里总不明白，为什么火车不肯等他两分钟。

有一天，他忽然得了急病，赶快叫家人去请东街的汪大夫。那家人急急忙忙地跑去，一时寻不着东街的汪大夫，却把西街的牛医王大夫请来了。差不多先生病在床上，知道寻错了人，但病急了，身上痛苦，心里焦急，等不得了，心里想道："好在王大夫同汪大夫也差不多，让他试试看吧。"于是这位牛医王大夫走近床前，用医牛的法子给差不多先生治病。不上一点钟，差不多先生就一命呜呼了。

差不多先生差不多要死的时候，一口气断断续续地说道："活人同死人也差……差……差……不多，凡事只要……差……差……不多……就……好了，何……何……必……太……太认真呢？"他说完了这句格言，方才断气了。

他死后，大家都称赞差不多先生样样事情看得破，想得通;大家都说他一生不肯认真、不肯算账，不肯计较，真是一位有德行的人。于是大家给他取个死后的法号，叫他圆通大师。

他的名誉越传越远，越传越大。无数的人都学他的榜样。于是人人都成了一个差不多先生。—然而中国从此就成了一个懒人国了。

문제 1. 差不多先生误了火车，可是他心里总不明白的是什么？

정답：为什么火车不肯等他两分钟。

문제 2. 东街的大夫姓王，还是姓汪？

정답：他姓汪。

문제 3. 差不多先生死后大家叫他圆通大师，为什么？

정답：大家都觉得差不多先生一生不肯认真、不肯算账，不肯计较，真是一位有德行的人。

문제 4. 정답：④ 徒然(헛되이) - 不以为然(아무래도......이다)

문제 5. 정답：② 争执较量- 끝장을 내다. 결판을 내다.

제 3 과

번역연습

1. 뜰과 들을 보니 무더기무더기 가득합니다.
2. 공을 몇 번 차보기도 하고, 몇 차례 달리기 경주도 해보고, 숨바꼭질도 몇 번 해봅니다.
3. 바람 속에는 새로이 뒤집은 흙의 기운들이 실려오고, 푸른 풀의 내음이 섞여있고, 또 각종 꽃의 향기도 있는데, 모두 은은하고 촉촉한 공기 속에서 익어가고 있습니다.
4. 새는 둥지를 무성한 꽃의 어린잎 속에 틀고, 기뻐서 친구를 불어 모으듯이 맑고 낭랑한 목소리를 자랑하며 구성진 노래를 부르는데 산들바람과 흐르는 물과 함께 잘 어울립니다.

심화연습

盼望着, 盼望着, 东风来了, 春天的脚步近了。

一切都像刚睡醒的样子, 欣欣然张开了眼。山朗润起来了, 水涨起来了, 太阳的脸红起来了。

小草偷偷地从土里钻出来, 嫩嫩的, 绿绿的。园子里, 田野里, 瞧去一大片一大片满是的。坐着, 躺着, 打两个滚, 踢几脚球, 赛几趟跑, 捉几回迷藏。风轻悄悄的, 草绵绵绵的。

桃树、杏树、梨树, 你不让我, 我不让你, 都开满了花赶趟儿。红的像火, 粉的像霞, 白的像雪。花里带着甜味儿：闭了眼, 树上仿佛已经满是桃儿、杏儿、梨儿。花下成千成百的蜜蜂嗡嗡地闹着, 大小的蝴蝶飞来飞去。野花遍地是：杂样儿, 有名字的, 没名字的, 散在草丛里像眼睛, 像星星, 还眨呀眨的。

“吹面不寒杨柳风”, 不错的, 像母亲的手抚摸着你。风里带来些新翻的泥土的气息, 混着青草味儿, 还有各种花的香, 都在微微润湿的空气里酝酿。鸟儿将巢安在繁花嫩叶当中, 高兴起来了, 呼朋引伴地卖弄清脆的喉咙, 唱出宛转的曲子, 跟轻风流水应和着。牛背上牧童的短笛, 这时候也成天在嘹亮地响着。

문제 1. 春天到了, 春天的山有什么样的变化？春天的水呢？

정답: 春天的山朗润起来了。春天的水涨起来了。

문제 2. 春天的大自然象刚睡醒的样子, 山、水和太阳都有变化,
人们怎么享受 (迎接) 春天？

정답: 坐着, 躺着, 打两个滚, 踢几脚球, 赛几趟跑, 捉几回迷藏。

문제 3. 春天的野花遍地是, 它散在草丛里像什么？

정답: 野花 散在草丛里像眼睛, 像星星, 还眨呀眨的。

문제 4. 정답 : ④ 동작이나 상태가 시작됨을 나타낸다.

문제 5. 정답 : ② 夸耀 - 뽐내다. 자랑하다

제 4 과

번역연습

1. 해질 무렵, 등이 켜지면 어슴푸레한 등불빛이 조용하고 평화로운 밤을 돋보이게 합니다.
2. "일년의 계획은 봄에 있습니다" 막 시작했으니 시간은 많고, 희망도 얼마든지 있습니다.
3. 봄은 무쇠 같은 팔과 다리를 가진 건장한 청년처럼 우리를 앞으로 나아가게 이끕니다.

심화연습

雨是最寻常的, 一下就是三两天。可别恼, 看, 像牛毛, 像花针, 像细丝, 密密地斜织着, 人家屋顶上全笼着一层薄烟。树叶儿却绿得发亮, 小草儿也青得逼你的眼。傍晚时候, 上灯了, 一点点黄晕的光, 烘托出一片安静而和平的夜。在乡下, 小路上, 石桥边, 有撑起伞慢慢走着的人 : 地里还有工作的农民, 披着蓑戴着笠的。他们的房屋, 稀稀疏疏的, 在雨里静默着。

天上风筝渐渐多了, 地上孩子也多了。城里乡下, 家家户户, 老老小小, 也赶趟似的, 一个个都出来了。舒活舒活筋骨, 抖擞抖擞精神, 各做各的一份事去。"一年之计在于春", 刚起头儿, 有的是工夫, 有的是希望。

春天像刚落地的娃娃, 从头到脚都是新的, 它生长着。

春天像小姑娘, 花枝招展的, 笑着, 走着。

春天像健壮的青年, 有铁一般的胳膊和腰脚, 他领着我们上前去。

문제 1. 作者把春雨的样子怎么描写？

정답: 像牛毛, 像花针, 像细丝。

문제 2. 雨后傍晚时候,灯光烘托出什么样的夜景？

정답: 灯光烘托出一片安静而和平的夜。

문제 3. 作者拿什么样的人和春天比喻呢？

정답: 娃娃, 小姑娘, 青年。

문제 4. 정답: ③ 发亮 - 逼

제 5 과

번역연습

1. 우리가 천(陳)의 소학교 안에서 저녁을 먹고 나자, 더위는 이미 가셨다. 해는 산 비탈로 떨어졌고, 단지 찬란한 붉은 노을만을 하늘 끝에 남겨놓았다.
2. 배는 고요히 수면 위에서 옮겨갔다. 세 개의 노는 절도 있게 물 속에서 노를 젓는데, 그 소리는 마치 하나의 곡조와도 같았다.
3. 우리의 배가 점점 용수나무에 가까워졌다. 나는 그것의 진면목을 확실하게 볼 기회를 얻었는데, 정말로 한 그루의 큰 나무에 가지가 수 없이 많았다.
4. 용수나무는 한창 무성할 시기여서 마치 그것의 모든 생명력을 우리에게 내보이는 것 같았다.

심화연습

我们在陈的小学校里吃了晚饭, 热气已经退了。太阳落下了山坡, 只留下一段灿烂的红霞在天边。

我们走过一条石子路, 很快就到了河边。在河边大树下, 我们发现了几只小船。

我们陆续跳上一只船。一个朋友解开了绳, 拿起竹竿一拨, 船缓缓地动了, 向河中心流去。

河面很宽, 白茫茫的水上没有一点波浪。船平静地在水面流动。三支桨有规律地在水里划, 那声音就像一支乐曲。

在一个地方, 河面变窄了。一簇簇绿叶伸到水面上。树叶绿得可爱。那是许多藏盛的榕树, 看不见主干在什么地方。

当我说许多棵榕树的时候, 我的错误马上就给朋友们纠正了。一个朋友说那只有一棵榕树, 另一个朋友说是两棵。我见过不少的大榕树, 这样大的还是第一次看见。

我们的船渐渐逼近榕树了。我有机会看清它的真面目, 真是一棵大树, 枝干的数目不可计数。枝上又生根, 有许多根直垂到地上, 伸进泥土里。一部分树枝垂到水面。从远处看, 就像一棵大树卧在水面上。

榕树正是茂盛的时期, 好像把它的全部生命力展示给我们看。那么多的绿叶, 一簇堆在另一簇上面, 不留一点缝隙。翠绿的颜色明亮地在我们的眼前闪耀, 似乎每一片绿叶上都有一个新的生命在颤动。这美丽的南国的树!

문제 1. 太阳落下了山坡的时候, 在天边只留下了什么?

정답: 太阳留下了一段灿烂的红霞在天边。

문제 2. 作者和朋友们第一次经过鸟的天堂的时候, 他们看到什么?

정답: 有许多榕树在河岸上。

문제3. 请描写一下榕树的主要特点。

정답: 枝上有生根, 有许多根直垂到地上, 伸进泥土里, 又成了树干。

문제4. 정답: ③ 先后(연이어) - 缓慢(느리다)

문제5. 정답: ③ 不可胜数 - 헤아릴 수 없다

제 6 과

번역연습

1. 단지 수없이 많은 나무 뿌리만이 땅 위로 뻗어나서 마치 수많은 나무 기둥 같았다. 땅은 젖어 있었는데 아마도 만조 때 물이 강 기슭으로 치솟아 올라왔을 것이다.
2. 햇빛은 수면에도 나뭇가지 끝에도 눈부시게 비추이니, 모든 것이 대단히 맑고 환하게 드러났다. 우리는 또 배를 나무 아래에 잠시 정박시켰다.
3. 우리가 계속해서 박수를 치니까 나무 위는 시끌벅적하게 변했는데, 사방이 다 새 소리요 어디나 다 새의 모습이었다.
4. 화미조(나이팅게일) 한 마리가 날아 나오다가 우리의 박수 소리에 놀라 다시 나뭇잎 더미 속으로 날아 들어가더니, 작은 나무가지 위에 앉아 홍분하듯 지저귀었는데 그 노랫소리는 정말로 듣기 좋았다.

심화연습

船在树下泊了片刻。岸上很湿，我们没有上去。朋友说这里是"鸟的天堂"，有许多鸟在这树上做巢，农民不许人去捉它们。我仿佛听见几只鸟扑翅的声音，等我注意去看，却不见一只鸟的影儿。只有无数的树根立在地上，像许多根木桩。土地是湿的，大概涨潮的时候河水会冲上岸去。鸟的天堂里没有一只鸟，我不禁这样想。于是船开了。一个朋友拨着桨，船缓缓地移向河中心。

第二天，我们划着船到一个朋友的家乡去。那是个有山有塔的地方。从学校出发，我们又经过那"鸟的天堂"。

这一次是在早晨。阳光照耀在水面，在树梢，一切都显得非常明亮了。我们 又把船在树下泊了片刻。起初周围是静寂的。后来忽然起了一声鸟叫。我们把手一拍，便看见一只大鸟飞了起来。接着又看见第二只，第三只。我们继续拍掌，树上就变得热闹了，到处都是鸟声，到处都是鸟影。大的，水的，花的，黑的，有的站在树枝上叫，有的飞起来，有的在扑翅膀。我注意地看着，眼睛应接不暇，看清楚了这只，又错过了那只，看见了那只，另一只又起来了。一只画眉鸟飞了出来，被我们的掌声一吓，又飞进了叶丛，站在一根小枝上兴奋地叫着，那歌声真好听。

当小船向着高塔下面的乡村划去的时候，我回头看那被抛在后面的茂盛的榕树。我感到一点儿留恋的心情。昨天是我的眼睛骗了我。那"鸟的天堂"的确是鸟的天堂啊！

문제 1. 农民为什么不许人捉鸟？

정답：因为这里是"鸟的天堂"，应该保护鸟。

문제 2. 作家想岸上的土地为什么那么湿？

정답：涨潮的时候河水冲上岸去。

문제 3. 在正文中, 什么鸟的叫声有如歌声一样？
정답: 是一只画眉鸟。

문제 4. 정답: ② 不觉 - 자기도 모르게

문제 5. 정답: ③ 恋恋不舍 - 떠나기를 서운해하다

제 7 과

번역연습

1. 당신이 손수 쓴 편지를 받고 당신이 제 고향으로 가려는 것을 알게 되어 당신께 뭘 좀 가르쳐 드리려고 합니다.
2. 제가 당신에게 알려주려고 하는 것은, 결코 그곳의 풍토와 인정이 아니며, 그것은 다 쓸 수도 없습니다.
3. 배는 두 종류인데, 일반적으로 타는 것이 "우펑추완(乌篷船)"이고, 흰 뜸은 대개 정기선으로 쓰이며, 야항선을 타고 시링(西陵)에 가는 것은 또 특별한 재미가 있지만 당신이 아무래도 타기 불편하면 저도 더 이상 말을 하지 않을 수 있습니다.
4. 뱃머리는 눈썹과 눈을 붙여서 모습이 호랑이 같지만, 마치 웃고 있는 것 같아서 상당히 우스꽝스러우면서 무섭지 않은데, 다만 흰 뜸의 배는 이것이 없습니다.

심화연습

子荣君：

接到手书, 知道你要到我的故乡去, 叫我给你一点什么指导。老实说, 我的故乡, 真正觉得可怀恋的地方, 并不是那里；但是因为在那里生长, 住过十多年, 究竟知道一点情形, 所以写这一封信告诉你。

我所要告诉你的, 并不是那里的风土人情, 那是写不尽的, 但是你到那里一看也就会明白的，不必罗唆地多讲。我要说的是一种很有趣的东西，这便是船。你在家乡平常总坐人力车，电车，或是汽车，但在我的故乡那里这些都没有，除了在城内或山上是用轿子以外，普通代步都是用船。船有两种，普通坐的都是"乌篷船"，白篷的大抵作航船用，坐夜航船到西陵去也有特别的风趣，但是你总不便坐，所以我就可以不说了。乌篷船大的为"四明瓦"（Symenngoa），小的为脚划船（划读uoa）亦称小船。但是最适用的还是在这中间的"三道"，亦即三明瓦。篷是半圆形的，用竹片编成，中夹竹箬，上涂黑油，在两扇"定篷"之间放着一扇遮阳，也是半圆的，木作格子，嵌着一片片的小鱼鳞，径约一寸，颇有点透明，略似玻璃而坚韧耐用，这就称为明瓦。

문제 1. 作者在给子荣君写的信中主要介绍了什么？

정답：作者给他告诉绍兴的普通代步，称为船。

문제 2. 按照原文之意，乌篷船按大小可分为几种？

정답：大的是"四明瓦"，小的是脚划船又称小船。

문제 3. 原文中的明瓦是什么？

정답：是用一片片的小鱼鳞，径约一寸，颇有点透明，略似玻璃而坚韧耐用，用以遮阳。

문제 4. 정답：(1) 究竟 (2) 扇- 扇-而 (3) 接近-朝

문제 5. 정답：① 诙谐huīxié – 익살스럽다. 재밌다.

해설：激烈 - 치열하다 / 亲密 - 사이가 좋다. 친밀하다 / 美丽 - 아름답다

제 8 과

번역연습

1. 당신이 가령 배를 타고 나간다면 절대로 전차를 탈 때처럼 성급하게 즉시 가기를 바랄 수 는 없습니다. 만약 성밖으로 나간다면 삼사십 리는 가야 하는데(우리 고향의 길을 세는 이정은 짧은데 1리가 3분의 1마일입니다.), 왕복에 아무래도 하루는 잡아야 합니다.
2. 만약 길이 고르지 않아, 항저우(杭州)로 갈 때 오후에 배를 몰면 황혼이 질 때의 경치가 정말 아름다운데요, 다만 안타깝게도 제가 그 일대의 이름을 모두 잊어버렸습니다.
3. 배를 한 척 빌려 시골마을로 가서 사당에서 하는 연극을 보는 것은, 중국 고전극의 진짜 홍취를 이해할 수 있을 뿐만 아니라, 배 위에서는 행동이 자유로와, 보고 싶으면 보고, 자고 싶으면 자고, 술을 마시고 싶으면 마시는 것도 저는 이상적인 행락의 방법이라고 생각합니다.
4. 당신이 제 고향에 가면 아마 아무도 당신을 알아보지 못할텐데, 저는 학교 수업 때문에 당신을 모시고 놀러 가고, 밤 배를 타고, 이야기를 나눌 수가 없어서 정말로 송구스럽고 낙담이 됩니다.

심화연습

你如坐船出去, 可是不能像坐电车的那样性急, 立刻盼望走到。倘若出城, 走三四十里路 (我们那里的里程是很短, 一里才及英里三分之一), 来回总要预备一天。你坐在船上, 应该是游山的态度, 看看四周物色, 随处可见的山, 岸旁的乌桕, 河边的红红蓼和白苹, 渔舍, 各式各样的桥, 困倦的时候睡在舱中拿出随笔来看, 或者冲一碗清茶喝喝。偏门外的鉴湖一带, 贺家池, 壶觞左近, 我都是喜欢的, 或者往娄公埠骑驴去游兰亭 (但我劝你还是步行, 骑驴或者于你不很相宜), 到得暮色苍然的时候进城，上都挂着薜荔的东门来，倒是颇有趣味的事。倘若路上不平静，你往杭州去时可于下午开船，黄昏时候的景色正最好看，只可惜这一带地方的名字我都忘记了。夜间睡在舱中，听水声橹声，来往船只的招呼声，以及乡间的犬吠鸡鸣，也都很有意思。雇一只船到乡下去看庙戏，可以了解中国旧戏的真趣味，而且在船上行动自如，要看就看，要睡就睡，要喝酒就喝酒，我觉得也可以算是理想的行乐法。只可惜讲维新以来这些演剧与迎会都已禁止，中产阶级的低能人别在"布业会馆"等处建起"海式"的戏场来，请大家买票看上海的猫儿戏。这些地方你千万不要去。—你到我那故乡，恐怕没有一个人认得，我又因为在教书不能陪你去玩，坐夜船，谈闲天，实在抱歉而且惆怅。川岛君夫妇现在偁山下，本来可以给你绍介，但是你到那里的时候他们恐怕已经离开故乡了。初寒，善自珍重，不尽。

十五年十一月十八日夜，于北京

문제 1. 作者向子荣君建议坐船时可取的最佳态度是什么？

정답：看看四周物色，困倦的时候睡在舱中拿出随笔 来看，或者冲一碗清茶喝喝。

문제 2. 夜间睡在舱中，可以听到什么声音？

정답：听水声橹声，来往船只的招呼声，以及乡间的犬吠鸡鸣。

문제 3. 作者为什么不能介绍川岛君夫妇给子荣君?

정답：他到那里的时候他们恐怕已经离开故乡了。

문제 4. 정답：(1) 倘若 - 来回　(2)游山 - 冲　(3) 雇

문제 5. 정답：③ 失望- 실망하다，실의하다

제 9 과

번역연습

1. 나와 아버지가 서로 만나지 못한지 벌써 2년이 넘었는데, 내가 가장 잊을 수 없는 것은 아버지의 뒷모습이다.
2. 서주에 가서 아버지를 뵙고, 온 마당에 난잡하게 어질러진 물건들을 보고는, 또 할머니 생각이 나서 나도 모르게 눈물이 뚝뚝 떨어졌다.
3. 아버지는 일이 바쁘셔서 원래 나를 배웅하지 않겠다고 말씀하셨고, 여관에 잘 아는 심부름꾼에게 나를 데리고 가도록 하셨다.
4. 아버지는 나더러 길 조심하라시면서, 밤에는 깨어 있어서, 감기 안 들게 주의하라고 하셨다. 또 심부름꾼에게 나를 잘 보살펴 달라고 부탁까지 하셨다.

심화연습

我与父亲不相见已二年余了, 我最不能忘记的是他的背影。那年冬天, 祖母死了, 父亲的差事也交卸了, 正是祸不单行的日子, 我从北京到徐州, 打算跟着父亲奔丧回家。到徐州见着父亲, 看见满院狼藉的东西, 又想起祖母, 不禁簌簌地流下眼泪。父亲说, "事已如此, 不必难过, 好在天无绝人之路!"

回家变卖典质, 父亲还了亏空; 又借钱办了丧事。这些日子, 家中光景很是惨淡, 一半为了丧事, 一半为了父亲赋闲。丧事完毕, 父亲要到南京谋事, 我也要回北京念书, 我们便同行。

到南京时, 有朋友约去游逛, 勾留了一日; 第二日上午便须渡江到浦口, 下午上车北去。父亲因为事忙, 本已说定不送我, 叫旅馆里一个熟识的茶房陪我同去。他再三嘱咐茶房, 甚是仔细。

但他终于不放心, 怕茶房不妥帖; 颇踌躇了一会。其实我那年已二十岁, 北京已来往过两三次, 是没有甚么要紧的了。他踌躇了一会, 终于决定还是自己送我去。我两三回劝他不必去; 他只说, "不要紧, 他们去不好!"

我们过了江，进了车站。我买票，他忙着照看行李。行李太多了，得向脚夫行些小费，才可过去。他便又忙着和他们讲价钱。我那时真是聪明过分，总觉他说话不大漂亮，非自己插嘴不可。但他终于讲定了价钱；就送我上车。他给我拣定了靠车门的一张椅子；我将他给我做的紫毛大衣铺好坐位。他嘱我路上小心，夜里警醒些，不要受凉。又嘱托茶房好好照应我。我心里暗笑他的迂；他们只认得钱，托他们直是白托！而且我这样大年纪的人，难道还不能料理自己么？唉，我现在想想，那时真是太聪明了！

문제 1. "我" 与父亲最后一次相见是在什么时候?什么地方?

정답: 二年前的冬天，徐州。

문제 2. 那年冬天 "我" 与父亲见面的时候家里发生了什么事？

정답: 祖母死了，父亲的差使也交卸了。

문제 3. 父亲本来不能送我，后来他为什么决定自己送我呢？

정답: 他终于不放心，怕茶房不妥帖。

문제 4. 정답: ② 缺点

문제 5. 정답: (1) 小心 (2) 受凉 (3) 照应 (4) 暗笑 (5) 白托 (6) 难道

제 10 과

번역연습

1. 나는 검은색 중절모를 쓰고 검은색 마고자에 남색 두루마기를 입으신 아버지가 뒤뚱거리며 철길가로 가셔서 천천히 몸을 굽히고

내려가시는 것을 보았는데 그런대로 괜찮았다.

2. 철길을 지날 때 아버지는 먼저 귤을 땅에 던져 놓고 천천히 기어 내려서는 다시 귤을 안고 오셨다.
3. 아버지는 어려서부터 객지로 나가 생계를 도모하셨고, 혼자 힘으로 지탱하시면서 많은 큰일들을 하셨다. 노년이 이렇게 참담할 줄은 어찌 알았겠는가!
4. 내가 북경에 온 뒤로 아버지는 내게 편지 한 통을 쓰셨다. 편지에서 말씀하시기를, "나는 편안하다. 단지 어깨 통증이 심해서 젓가락을 들고 펜을 쥐는 것이 다 쉽지가 않구나. 아마 죽을 날이 멀지 않은 것 같구나." 라 하였다.

심화연습

我说道,"爸爸, 你走吧。" 他望车外看了看, 说,"我买几个橘子去。你就在此地, 不要走动。" 我看那边月台的栅栏外有几个卖东西的等着顾客。走到那边月台, 须穿过铁道, 须跳下去又爬上去。父亲是一个胖子, 走过去自然要费事些。我本来要去的, 他不肯, 只好让他去。我看见他戴着黑布小帽, 穿着黑布大马褂, 深青布棉袍, 蹒跚地走到铁道边, 慢慢探身下去, 尚不大难。可是他穿过铁道, 要爬上那边月台, 就不容易了。他用两手攀着上面, 两脚再向上缩；他肥胖的身子向左微倾, 显出努力的样子。这时我看见他的背影, 我的泪很快地流下来了。我赶紧拭干了泪, 怕他看见, 也怕别人看见。我再向外看时, 他已抱了朱红的橘子望回走了。过铁道时, 他先将橘子散放在地上, 自己慢慢爬下, 再抱起橘子走。到这边时, 我赶紧去搀他。他和我走到车上, 将橘子一股脑儿放在我的皮大衣上。于是扑扑衣上的泥土, 心里很轻松似的, 过一会说,"我走了；到那边来信！" 我望着他走出去。他走了几步, 回过头看见我, 说,"进去吧, 里边没人。" 等他的背影混入来来往往的人里, 再找不着了, 我便进来坐下, 我的眼泪又来了。

近几年来, 父亲和我都是东奔西走, 家中光景是一日不如一日。他少年出外谋生, 独力支持, 做了许多大事。那知老境却如此颓唐！他触目伤怀, 自然情不能自已。情郁于中, 自然要发之于外；家庭琐屑便往往触他之怒。他待我渐渐不同往日。但最近两年的不见, 他终于忘却我的不好, 只是惦记着我, 惦记着我的儿子。我北来后, 他写了一信给我, 信中说道, "我身体平安, 惟膀子疼痛利害, 举箸提笔, 诸多不便, 大约大去之期不远矣。" 我读到此处, 在晶莹的泪光中, 又看见那肥胖的, 青布棉袍, 黑布马褂的背影。唉！我不知何时再能与他相见！

문제 1. 要到那边月台的栅栏外买橘子, 应该怎么走过去？

정답: 须穿过铁道, 须跳下去又爬上去。

문제 2. 父亲买橘子去时, 我为什么流下眼泪？

정답: 因为这时我看见他肥胖的身子向左微倾, 显出努力的样子。

문제 3. 根据原文, 作者看见了几次父亲的背影? 请具体说明一下。

정답: 总共三次, 第一次是父亲去买橘子的时候, 第二次是父亲送我回去的时候, 第三次是看到父亲的信的时候。

문제 4. 정답: ③ 外貌 - 动作

문제 5. 정답: 穿 - 攀 - 缩

제 11 과

번역연습

1. 이것은 내가 명언을 남길 사람이 아님을 잘 보여주는데, 그이유는 예로부터 불후의 문장은 반드시 불후의 인간을 전하는 것이고, 그리하여 사람은 문장에 의해 전해지고, 문장은 사람에 의해 전해지는 것이라, 도대체 누가 누구에 의해서 전해진다는 것인지 점점 모호해져서, 결국 아큐의 이야기를 전한다는 것에 생각이 미치자, 마치 생각이 귀신에게라도 홀린 듯하다.
2. '열전'이라고 하자니 이 글은 결코 수많은 위인들과 더불어 '정사(正史)' 속에 들어가지는 못한다. '자전'이라고 하자니 또한 나는 결코 아큐가 아니다.
3. '별전'은 어떤가? 아큐는 사실 일찍이 대통령의 칙서가 국사관에 아큐의 본전(本傳)을 세우라 명한 적도 없다. 비록 영국의 '정사'에는 결코 「Rodney stone 열전(박도별전-博徒別傳)」이라는 것이 없는데도, 문호 디킨즈도 「Rodney stone 열전」을 쓴 적이 있다고 말하지만, 그러나 대문호이기에 가능했던 것이고, 나 따위에게는 오히려 불가능한 일이다.
4. 다음으로 '가전'인데 나는 아큐와 종씨인지 아닌지 모를 뿐 만 아니라 여태껏 그의 자손들로부터 부탁을 받은 적도 없다. 혹은 '소전'이라 하자니 더우기 아큐에게는 또한 별도로 '대전'이라는 것도 없다.

심화연습

第一章 序

我要给阿Q做正传, 已经不止一两年了。但一面要做, 一面又往回想, 这足见我不是一 个"立言" 的人, 因为从来不朽之笔, 须传不朽之人, 于是人以文传, 文以人传 —— 究竟谁靠谁传, 渐渐的不甚了然起来, 而终于归结到传阿Q, 仿佛思想里有鬼似的。然而要做这一篇速朽的文章, 才下笔, 便感到万分的困难了。

第一是文章的名目。孔子 曰，“名不正则言不顺”。这原是应该极注意的。传的名目很繁多：列传，自传，内传，外传，别传，家传，小传……，而可惜都不合。“列传”么，这一篇并非和许多阔人排在“正史”里；“自传”么，我又并非就是阿Q。说是“外传”，“内传”在那里呢？倘 用“内传”，阿Q又决不是神仙。“别传”呢，阿Q实在未曾有大总统上谕宣付国史馆立“本传”——虽说英国正史上并无“博徒列传”，而文豪迭更司也做过《博徒别传》这 一部书，但文豪则可，在我辈却不可。

其次是“家传”，则我既不知与阿Q是否同宗，也未曾受他子孙的拜托；或“小传”，则阿Q又更无别的“大传”了。总而言之，这一篇也便是“本传”，但从我的文章着想，因为文体卑下，是“引车卖浆者流”所用的话，所以不敢 僭称，便从不入三教九流的小说家所谓“闲话休题言归正传”这一句套话里，取出“正传”两个字来，作为名目，即使与古人所撰《书法正传》的“正传”字面上很相混，也顾不得了。

(第二 생략)

第三，我又不知道阿Q的名字是怎么写的。他活着的时候，人都叫他阿Quei，死了以后，便没有一个人再叫阿Quei了，那里还会有“著之竹帛”的事。若论“著之竹帛”，这篇文章要算第一次，所以先遇着了这第一个难关。我曾仔细想：阿Quei，阿桂还是阿贵呢？

문제 1. ‘人以文传，文以人传’，这句话是什么意思？

정답: 一个人的名声可以通过文章流传到后世，一篇好文章也可以通过人们的阅读而被广泛地流传。

문제 2. 作者要给阿Q做一篇文章，碰到的第一个困难是什么？

정답: 第一个困难是要决定文章的名目。

문제 3. 作者为什么不能给阿Q做'内传'呢？

정답: 因为'内传'是只能给神仙做的, 他觉得阿Q决不是神仙, 所以不能给阿Q做'内传'。

문제 4. 정답: ③ 伟人

문제 5. 정답: (1) 同宗 (2) 总而言之 (3) 着想 (4) 三教九流 (5) 即使

제 12 과

번역연습

1. 만일 그의 호(號)가 위에팅(月亭)이거나, 또는 팔월 중 그의 생일을 지낸다면 그렇다면 분명 아꿰이(阿桂)이다. 그렇지만 그에게는 호가 없을 뿐 아니라 있다 하더라도 아는 사람이 없다. 또 생일축하 시문을 구하는 초대장을 뿌린적도 없으니까 아꾸이(阿桂)로 쓰는 것은 독단일 것이다.
2. 나의 최후의 수단은 오로지 한 고향 사람에게 아큐의 범죄 조서를 찾아봐 달라고 부탁하는 것이었다. 그런데 8개월후에야 회신이 왔고, 조서에는 아Quei라는 발음과 비슷한 사람이 결코 없다는 것이었다.
3. 비록 그는 미장(未莊)에서 오래 살기는 했지만, 항상 다른 곳에서 묵었기 때문에 미장 사람이라고 말할 수 없고, 만일'미장 사람이니라.'라고 하는것도 여전히 역사 기술 방법에 어긋나는 것이다.
4. 그 외의 것에 대해서는 오히려 배운 것이 적은 나로서는더 이상 파고들 수 없고, 단지 역사적 연구와 고증적 연구에병적인 호적(胡適) 선생의 제자들이 앞으로 혹시 새로운 단서를 많이 찾아낼 수도 있으리라는 기대를 하고 있을 뿐이지만, 나의 이 「아큐정전」이 그 때가 되면 아마 벌써 소멸되어 버렸을 것이다.

심화연습

倘使他号月亭，或者在八月间做过生日，那一定是阿桂了；而他既没有号——也许有号，只是没有人知道他，——又未尝散过生日征文的帖子：写作阿桂，是武断的。又倘使他有一位老兄或令弟叫阿富，那一定是阿贵了；而他又只是一个人：写作阿贵，也没有　佐证的。其余音 Quei 的偏僻字样，更加凑不上了。先前，我也曾问过赵太爷的儿子茂才先生，谁料博雅如此公，竟也茫然，但据结论说，是因为陈独秀办了《新青年》提倡洋字，所以国粹沦亡，无可查考了。我的最后的手段，只有托一个同乡去查阿 Q 犯事的案卷，八个月之后才有回信，说案卷里并无与阿 Quei 的声音相近的人。我虽不知道是真没有，还是没有查，然而也再没有别的方法了。生怕注音字母还未通行，只好用了"洋字"，照英国流行的拼法写他为阿 Quei，略作阿 Q。这近于盲从《新青年》，自己也很抱歉，但茂才公尚且不知，我还有什么好办法呢。第四，是阿 Q 的籍贯了。倘他姓赵，则据现在好称郡望的老例，可以照《郡名百家姓》上的注解，说是"陇西天水人也"，但可惜这姓是不甚可靠的，因此籍贯也就有些决不　定。他虽然多住未庄，然而也常常宿在别处，不能说是未庄人，即使说是"未庄人也"，也仍然有乖史法的。

我所聊以自慰的，是还有一个"阿"字非常正确，绝无附会假借的缺点，颇可以就正于通人。至于其余，却都非浅学所能穿凿，只希望有"历史癖与考据癖"的胡适之先生的门人们，将来或者能够寻出许多新端绪来，但是我这《阿 Q 正传》到那时却又怕早经消灭了。

以上可以算是序。

문제 1. 如果阿桂的号是'月亭'，或者他的生日是八月的话，作者想怎么称呼他？

정답：作者想称呼他阿桂。

문제 2. 作者认为怎么样的情况下才能叫阿贵(贵福的贵)?

정답: 倘使他有一位老兄或令弟叫阿富, 那一定是啊贵了。

문제 3. 作者为什么不能确定阿Q的籍贯是未庄?

정답: 因为阿Q虽然多住未庄, 但也常常睡在别的地方, 决不定是未庄人。

문제 4. 정답: (1) ④ 倘能, (2) ③ 剖分

문제 5. 정답: 附会 - 穿凿

제 13 과

번역연습

1. 한 알의 씨앗이 낼 수 있는 힘이란 그야말로 모든 것을 능가하는 것이다.
2. 일단 발아하기만 하면 이 씨앗들은 곧 무서운 힘으로써, 온갖 기계의 힘으로도 쪼갤 수 없는 바의 골격을 완벽하게 쪼개낸다.
3. 생명이 존재하기만 하면 이러한 힘이 드러나는데, 윗 쪽의 돌이 털 끝 만큼도 그것을 가로막지 못한다. 왜냐하면 이것은 오랜 기간 동안 항거해온 힘, 유연성이 있어서 굽혔다 폈다 할 수 있는 힘, 견인성이 있어서 목표에 도달하지 않으면 멈추지 않는 힘이기 때문이다.
4. 생명이 시작되는 순간이면 투지를 가지고 오는 풀이야말로 견인한 풀이며, 이런 풀만이 비닐하우스 안에서 배양한 화분의 꽃을 비웃을 수 있다.

심화연습

有这样一个故事。

有人问：世界上什么东西的气力最大？回答纷纭得很, 有的说象, 有的说狮子, 有人开玩笑似的说, 是金刚。金刚有多少气力, 当然大家全不知道。

结果, 这一切答案完全不对, 世界上气力最大的是植物的种子。一粒种子可以显现出来的力, 简直是超越一切的。

这儿又是一个故事。

人的头盖骨结合得非常致密, 坚固。生理学家和解剖学家用尽了一切的方法, 要把它完整地分开来, 都没有成功。后来忽然有人发明了一个方法, 就是把一些植物的种子放在要剖析的头盖骨里, 给与温度和湿度, 使种子发芽。一发芽, 这些种子便以可怕的力量, 将一切机械力所不能分开的骨骼, 完整地分开了。植物种子力量之大如此。

这也许特殊了一点, 常人不容易理解。那么, 你见过被压在瓦砾和石块下面的一棵小草的生成吗？它为着向往阳光, 为着达成它的生之意志, 不管上面的石块如何重, 石块与石块之间如何狭, 它总要曲曲折折地, 但是顽强不屈地透到地面上来。它的根往土里钻, 它的芽往上面挺, 这是一种不可抗的力, 阻止它的石块结果也被它掀翻。一粒种子力量之大如此。

没有一个人将小草叫做大力士, 但是它的力量之大, 的确世界无比。这种力是一般人看不见的生命力。只要生命存在, 这种力量就要显现, 上面的石块丝毫不足以阻挡它, 因为这是一种“长期抗战”的力, 有弹性, 能屈能伸的力, 有韧性, 不达目的不止的力。

如果不落在肥土中而落在瓦砾中, 有生命的种子决不会悲观, 叹气, 它相信有了阻力才有磨炼。生命开始的一瞬间就带着斗志而来的草才是坚韧的草, 也只有这种草, 才可以对那些玻璃棚中养育的盆花嗤笑。

문제 1. 世界上什么东西的气力最大？

정답: (世界上气力最大的是植物的种子)

문제 2. 人的头盖骨用什么方法才可以分开呢？

정답: 一些植物的种子放在要剖析的头盖骨里, 给与温度和湿度, 使它发芽, 就完整地分开。

문제 3. 一粒种子如果落在瓦砾中, 它怎么办？

정답: 有生命的种子决不会悲观, 叹气, 它相信有了阻力才有磨炼。

문제 4. 정답: ② 纷忙

문제 5. 정답: 阳光 - 钻 - 挺

현대수필로 읽는 중국어

초판 인쇄 2008년 2월 18일
초판 발행 2008년 2월 28일

지은이 ▪ 김현주
펴낸이 ▪ 박 철
펴낸곳 ▪ 한국외국어대학교 출판부
130-791 서울특별시 동대문구 이문동 270
전화: 02)2173-2495, 2496
FAX: 02)2173-3363
홈페이지: http://press.hufs.ac.kr
전자우편: press@hufs.ac.kr
출판등록 ▪ 제6-6호(1969. 4. 30)
편 집 ▪ (주)이환D&B 02)2254-4301
제 작 ▪ 삼진피앤씨(주) 02)2271-0860

ISBN 978-89-7464-494-9 18720 정가 15,000원(CD포함)

* 잘못된 책은 교환하여 드립니다.